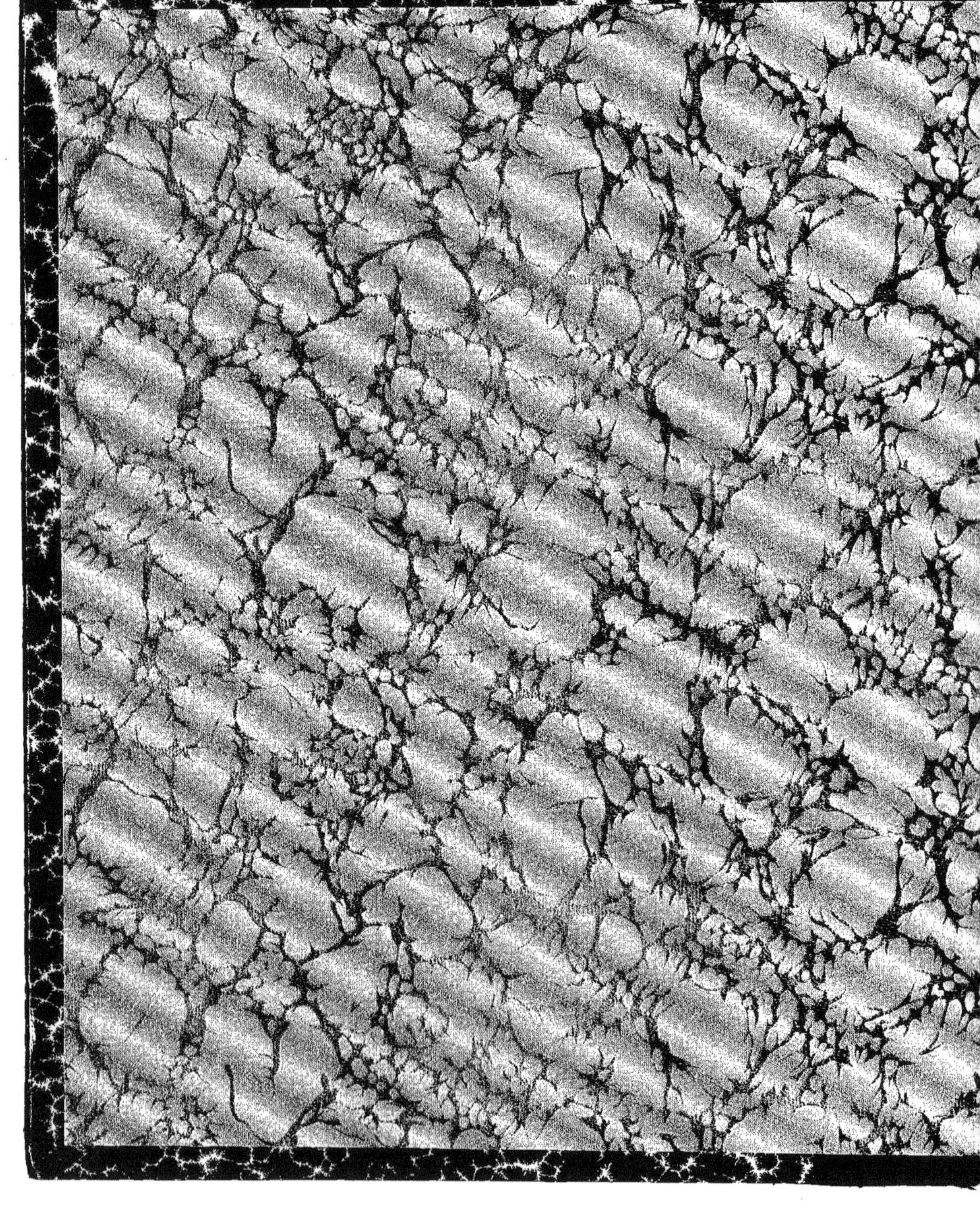

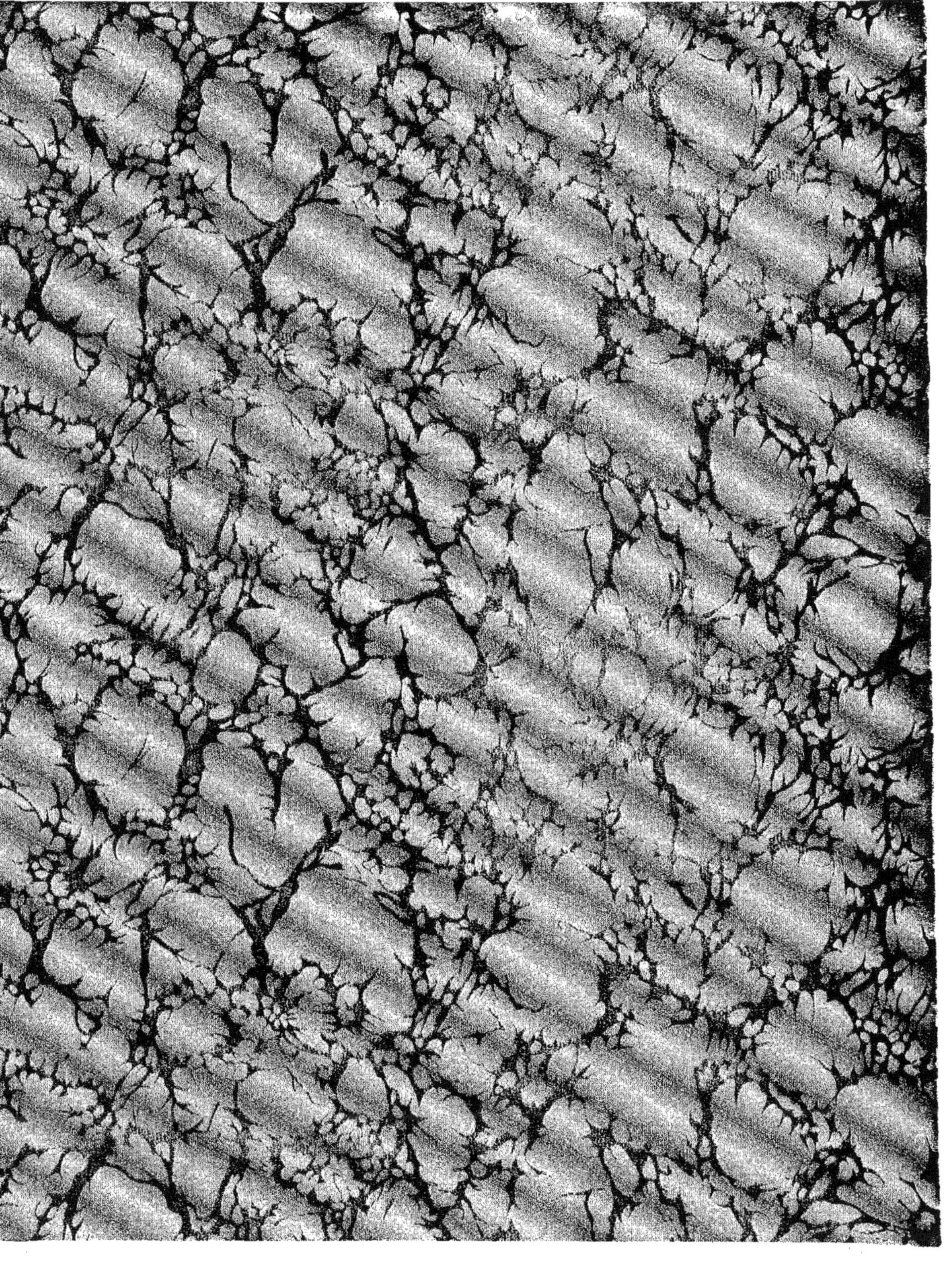

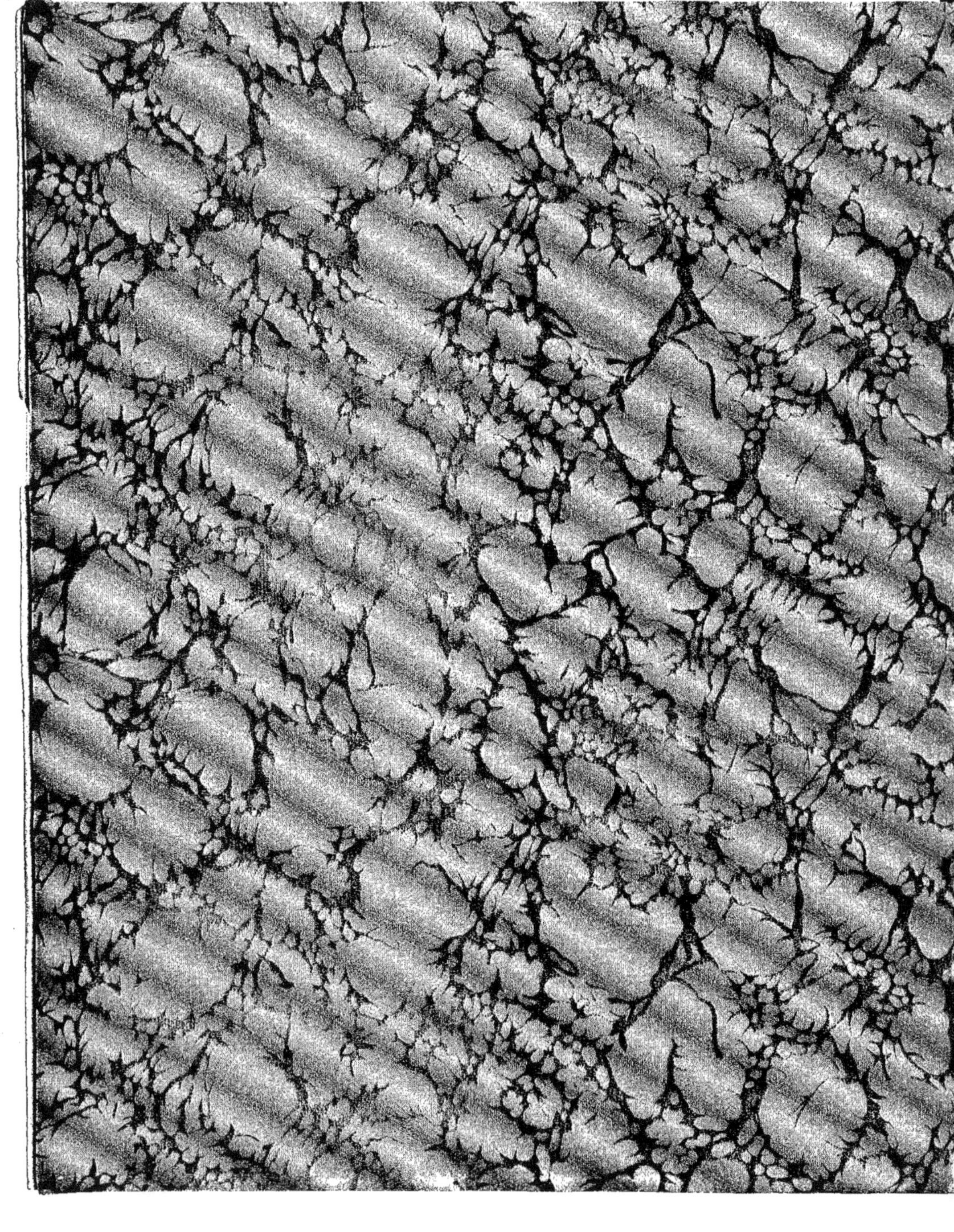

OUVRAGE PUBLIÉ SOUS LES AUSPICES
DU MINISTÈRE DE L'INSTRUCTION PUBLIQUE
SOUS LA DIRECTION DE L. JOUBIN
PROFESSEUR AU MUSEUM D'HISTOIRE NATURELLE

DEUXIÈME EXPÉDITION ANTARCTIQUE FRANÇAISE

(1908-1910)

COMMANDÉE PAR LE

Dr Jean CHARCOT

SCIENCES NATURELLES : DOCUMENTS SCIENTIFIQUES

HOLOTHURIES

PAR

CLÉMENT VANEY
Professeur adjoint à l'Université de Lyon

MASSON ET Cie, ÉDITEURS
120, Bd SAINT-GERMAIN, PARIS (VIe)
1914

Commission chargée par l'Académie des Sciences
d'élaborer le programme scientifique de l'Expédition

MM. les Membres de l'Institut :

Bouquet de la Grye.	Giard.	de Lapparent.	Müntz.
Bornet.	Guyou.	Mangin.	Ed. Perrier.
Bouvier.	Lacroix.	Mascart.	Roux.
Gaudry.			

Commission nommée par le Ministère de l'Instruction Publique
pour examiner les résultats scientifiques de l'Expédition

MM. Ed. Perrier . . . . . . Membre de l'Institut, Directeur du Muséum d'Histoire naturelle, Président.

Vice-Amiral Fournier. Membre du Bureau des Longitudes, Vice-Président.

Angot . . . . . . Directeur du Bureau central météorologique.

Bayet . . . . . . Correspondant de l'Institut, Directeur de l'Enseignement supérieur.

Bigourdan . . . . . . Membre de l'Institut, Astronome à l'Observatoire de Paris.

Colonel Bourgeois . . . Directeur du Service géographique de l'Armée.

Bouvier . . . . . . Membre de l'Institut, Professeur au Muséum d'Histoire naturelle.

Gravier . . . . . . Assistant au Muséum d'Histoire naturelle.

Commandant Guyou. Membre de l'Institut, Membre du Bureau des Longitudes.

Hanusse . . . . . . Directeur du Service hydrographique au Ministère de la Marine.

Joubin . . . . . . Professeur au Muséum d'Histoire naturelle et à l'Institut Océanographique.

Lacroix . . . . . . Membre de l'Institut, Professeur au Muséum d'Histoire naturelle.

Lallemand . . . . . . Membre de l'Institut, Membre du Bureau des Longitudes, Inspecteur général des mines.

Lippmann . . . . . . Membre de l'Institut, Professeur à la Faculté des Sciences de l'Université de Paris.

Müntz . . . . . . Membre de l'Institut, Professeur à l'Institut agronomique.

Rabot . . . . . . Membre de la Commission des Voyages et Missions scientifiques et littéraires.

Roux . . . . . . Membre de l'Institut, Directeur de l'Institut Pasteur.

Vélain . . . . . . Professeur à la Faculté des Sciences de l'Université de Paris.

DEUXIÈME EXPÉDITION ANTARCTIQUE FRANÇAISE

(1908-1910)

COMMANDÉE PAR LE

Dr JEAN CHARCOT

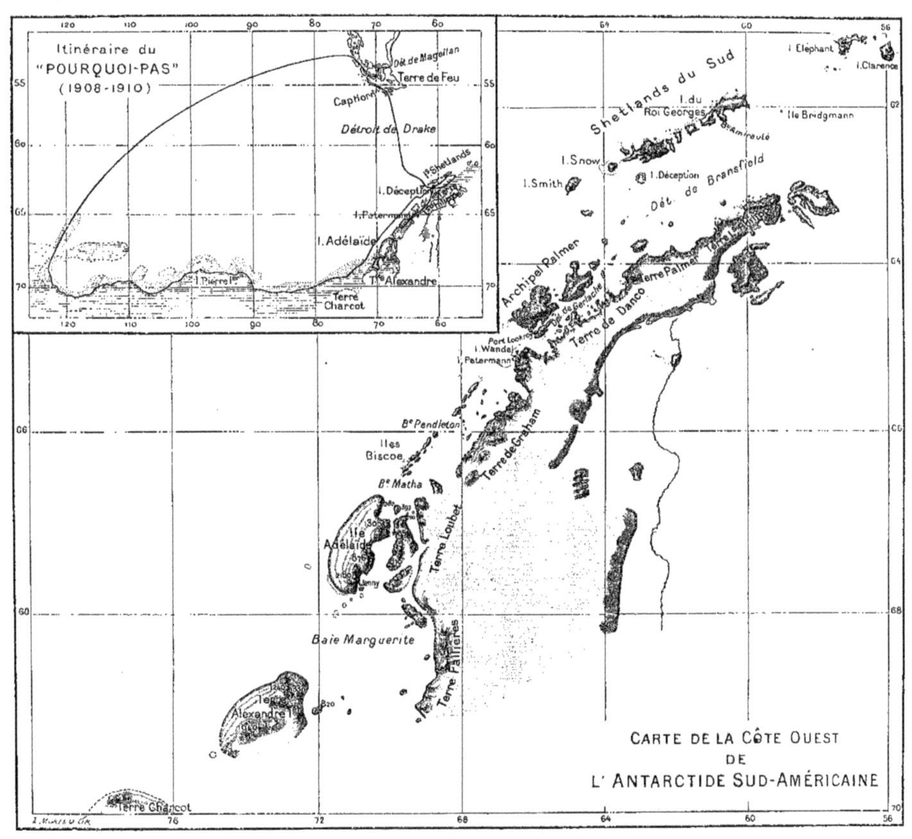

CARTE DES RÉGIONS PARCOURUES ET RELEVÉES PAR L'EXPÉDITION

MEMBRES DE L'ÉTAT-MAJOR DU "POURQUOI-PAS"

J.-B. CHARCOT

M. BONGRAIN. . . . . Hydrographie, Sismographie, Gravitation terrestre, Observations astronomiques.
L. GAIN. . . . . Zoologie (*Spongiaires, Échinodermes, Arthropodes, Oiseaux et leurs parasites*) Plankton, Botanique.
R.-E. GODFROY . . . . . . Marées, Topographie côtière, Chimie de l'air.
E. GOURDON . . . . Géologie, Glaciologie.
J. LIOUVILLE . . . . Médecine, Zoologie (*Pinnipèdes Cétacés, Poissons, Mollusques, Cœlentérés Vermidiens, Vers et Protozoaires, Anatomie comparée, Parasitologie*).
J. ROUCH. . . . . Météorologie, Océanographie physique, Électricité atmosphérique.
A. SENOUQUE. . . . . Magnétisme terrestre, Actinométrie, Photographie scientifique.

OUVRAGE PUBLIÉ SOUS LES AUSPICES DU MINISTÈRE DE L'INSTRUCTION PUBLIQUE

SOUS LA DIRECTION DE L. JOUBIN, Professeur au Muséum d'Histoire Naturelle.

DEUXIÈME EXPÉDITION ANTARCTIQUE FRANÇAISE

(1908-1910)

COMMANDÉE PAR LE

Dr JEAN CHARCOT

SCIENCES NATURELLES : DOCUMENTS SCIENTIFIQUES

HOLOTHURIES

PAR

CLÉMENT VANEY

Professeur adjoint à l'Université de Lyon.

MASSON ET Cie, ÉDITEURS

120, Bd SAINT-GERMAIN, PARIS (VIe)

1914

LISTE DES COLLABORATEURS

MM. TROUESSART	*Mammifères.*
ANTHONY et GAIN	*Documents embryogéniques.*
* LIOUVILLE	*Cétacés* (Balcinoptères, Ziphiidés, Delphinidés).
GAIN	*Oiseaux.*
LIOUVILLE	*Phoques.*
* ROULE	*Poissons.*
* SLUITER	*Tuniciers.*
JOUBIN	*Céphalopodes, Brachiopodes, Némertiens.*
* LAMY	*Gastropodes, Scaphopodes et Pélécypodes.*
* J. THIELE	*Amphineures.*
VAYSSIÈRE	*Nudibranches.*
* KEILIN	*Diptères.*
* IVANOF	*Collemboles.*
* TROUESSART	*Acariens.*
* NEUMANN	*Mallophages, Ixodides.*
* BOUVIER	*Pycnogonides.*
COUTIÈRE	*Crustacés Schizopodes et Décapodes.*
* Mlle RICHARDSON	*Isopodes.*
MM. CALMAN	*Cumacés.*
* DE DADAY	*Ostracodes, Phyllopodes, Infusoires.*
* CHEVREUX	*Amphipodes.*
CÉPÈDE	*Copépodes.*
* QUIDOR	*Copépodes parasites.*
CALVET	*Bryozoaires.*
* GRAVIER	*Polychètes, Crustacés parasites et Ptérobranches.*
HÉRUBEL	*Géphyriens.*
* GERMAIN	*Chétognathes.*
* DE BEAUCHAMP	*Rotifères.*
RAILLIET et HENRY	*Helminthes parasites.*
* HALLEZ	*Polyclades et Triclades maricoles.*
* KŒHLER	*Stellérides, Ophiures et Échinides.*
* VANEY	*Holothuries.*
PAX	*Actiniaires.*
BILLARD	*Hydroïdes.*
TOPSENT	*Spongiaires.*
* PÉNARD	*Rhizopodes.*
* FAURÉ-FRÉMIET	*Foraminifères.*
* CARDOT	*Mousses.*
* Mme LEMOINE	*Algues calcaires (Mélobésiées).*
* MM. GAIN	*Algues.*
MANGIN	*Phytoplancton.*
PERAGALLO	*Diatomées.*
HUE	*Lichens.*
METCHNIKOFF	*Bactériologie.*
GOURDON	*Géographie physique, Glaciologie, Pétrographie.*
BONGRAIN	*Hydrographie, Cartes, Chronométrie.*
* GODFROY	*Marées.*
* MÜNTZ	*Eaux météoriques, sol et atmosphère.*
* ROUCH	*Météorologie, Électricité atmosphérique, Océanographie physique.*
SENOUQUE	*Magnétisme terrestre, Actinométrie.*
J.-B. CHARCOT	*Journal de l'Expédition.*

Les travaux marqués d'un astérisque sont déjà publiés.

HOLOTHURIES

Par **CLÉMENT VANEY**

PROFESSEUR ADJOINT A L'UNIVERSITÉ DE LYON

La collection d'Holothuries rapportée des régions antarctiques par le « Pourquoi Pas? » ne renferme qu'une dizaine d'espèces, mais ses divers échantillons, très bien préparés, m'ont fourni de précieuses données sur la faune littorale antarctique et sur la biologie de certaines espèces.

Je remercie vivement M. Joubin, professeur au Muséum, d'avoir bien voulu me confier la détermination de cette intéressante collection, ce qui m'a permis de compléter mes précédentes études sur les Holothuries antarctiques.

J'avais eu de grandes difficultés pour déterminer les Holothuries du « Français », par suite de la disparition d'une grande partie des corpuscules calcaires sous l'action dissolvante de certains liquides conservateurs plus ou moins acides; pour cette raison, quelques-unes de mes descriptions d'espèces nouvelles étaient restées incomplètes. L'étude de la collection rapportée par la « Scotia » m'avait fourni l'occasion de compléter quelques-unes de mes précédentes diagnoses. La parfaite préparation des exemplaires du « Pourquoi Pas? » vient de me permettre de reviser ma description du *Psolus Charcoti*, dont l'unique exemplaire type rapporté par le « Français » avait été privé de ses corpuscules calcaires superficiels par l'action de solutions corrosives.

La collection du « Pourquoi Pas? », comme celle du « Français », ne renferme que des Synallactidés et des Cucumariidés essentiellement littorales. J'ai eu la bonne fortune d'observer, parmi les Holothuries de la « Scotia », un certain nombre de formes antarctiques de très grande profondeur, de telle sorte que l'étude de ces trois collections m'a permis d'avoir un aperçu assez complet sur la faune des Holothuries antarctiques.

Parmi les Synallactidés du « Pourquoi Pas ? », je signale une nouvelle forme, le *Synallactes* (?) *Gourdoni*, que je rattache avec doute aux *Synallactes*, et la première espèce de *Bathyplotes* antarctique, le *B. Bongraini*, dont la sole ventrale est limitée par une bordure marginale bien nette.

J'ai retrouvé de nombreux exemplaires de mes *Cucumaria antarctica* et *C. grandis*, espèces qui avaient déjà été rapportées par le « Français » et la « Scotia » ; mais les échantillons recueillis par le « Pourquoi Pas? » présentent de grandes variations de taille. Les petits exemplaires ont leurs téguments très chargés en corpuscules calcaires, tandis que les grands individus n'ont que peu de sclérites, d'ailleurs très disséminés. Ludwig (1898) avait déjà observé des faits semblables chez une autre espèce antarctique, la *Cucumaria lævigata*, et les mêmes particularités se retrouvent chez une espèce franchement arctique, la *Cucumaria frondosa* (Gunner).

Je décris trois nouvelles espèces de *Cucumaria* : *C. Godfroyi*, *C. Liouvillei* et *C. Joubini*.

La *C. Godfroyi* a de grandes affinités avec mes *C. antarctica* et *C. grandis*, mais elle s'en distingue par ses corpuscules calcaires.

La *C. Liouvillei* est une espèce très polymorphe, qui présente de grandes variations dans la coloration, dans le nombre et la répartition des pédicelles, dans le nombre et la structure des tentacules, ainsi que dans les vésicules de Poli et les canaux madréporiques. Cependant, malgré ce polymorphisme, elle possède des corpuscules calcaires tout à fait caractéristiques et assez constants comme forme.

Quant à la *C. Joubini*, c'est une espèce incubatrice dont certains exemplaires présentent une faible ébauche de sole ventrale reconnaissable seulement par des différences de taille des pédicelles du trivium. Elle se rapprocherait par ce caractère des Psolinés. De plus, elle possède cinq poches incubatrices s'ouvrant chacune séparément à l'extérieur par une ouverture située dans la région antérieure d'un interradius. Dans ces poches se trouvent des œufs sensiblement au même stade de développement.

Le « Pourquoi Pas? » a aussi rapporté un nouveau *Psolidium*, le *Ps. Gaini*, dont les nombreux pédicelles répartis sur la face dorsale sont presque microscopiques. Cette espèce a une sole ventrale délimitée par un rebord marginal bien marqué.

La collection renferme de nombreux échantillons de deux espèces de *Psolus*. L'un, le *Psolus Charcoti*, a été rapporté, pour la première fois, par le « Français ». Quant à l'autre, il se rapporte à une nouvelle espèce, le *Psolus Kœhleri*, dont certains exemplaires présentent un unique appendice situé tout à fait à la partie antérieure de chaque radius dorsal; la non-constance de ce caractère indique qu'il est en voie de régression et que cette espèce est une forme de transition entre les *Psolidium* et les véritables *Psolus*. Comme autre particularité, le *Psolus Kœhleri* présente cinq poches incubatrices peu profondes, placées à la base de la couronne tentaculaire et dans les interradius.

Cette deuxième expédition antarctique française a donc rapporté deux nouvelles espèces incubatrices (*Cucumaria Joubini* et *Psolus Kœhleri*).

La première expédition en avait aussi fait connaître deux, la *C. lateralis* et le *Psolus granulosus*. De telle sorte que nos expéditions antarctiques ont permis de signaler quatre nouvelles espèces incubatrices de Cucumariidés ayant chacune un mode spécial d'incubation, dont le plus curieux est celui présenté par le *Psolus granulosus*, où les œufs sont enchâssés dans des sortes de cupules verruqueuses de la sole ventrale.

La collection d'Holothuries du « Pourquoi Pas ? » renferme les espèces suivantes :

SYNALLACTIDÉS.

Synallactes (?) *Gourdoni* nov. sp.
Bathyplotes Bongraini nov. sp.

CUCUMARIIDÉS.

Cucumaria antarctica Vaney.
— *grandis* Vaney.
— *Godfroyi* nov. sp.
— *Liouvillei* nov. sp.
Cucumaria Joubini nov. sp.
Psolidium Gaini nov. sp.
Psolus Charcoti Vaney.
— *Kœhleri* nov. sp.

Nous diviserons notre étude en deux parties. Nous consacrerons la première partie à la description des différentes espèces de la collection du « Pourquoi Pas? », et nous la ferons suivre d'une deuxième partie, où nous développerons les considérations générales sur les Holothuries des régions antarctiques et subantarctiques.

PREMIÈRE PARTIE

DESCRIPTION DES ESPÈCES

ASPIDOCHIROTES

Synallactidés.

Synallactes (?) Gourdoni nov. sp.
(Pl. II, fig. 1-3, 5 et 6.)

N° 165. — Dragage VII. — 16 janvier 1909. Lat. S., 68° 34'; long. W., 72° 05'. Près de la Terre Alexandre. Profondeur : 250 mètres. Roche. — 1 échantillon abîmé par le chalut.

Cet échantillon est en majeure partie pelé et éviscéré ; je ne puis donc en donner qu'une description incomplète.

Le corps, plus ou moins cylindrique, a 70 millimètres de longueur et 20 millimètres de diamètre. La coloration sur le vivant était violacée; mais l'échantillon conservé à l'alcool n'est plus que blanc rosé, et cette teinte n'est d'ailleurs bien visible que sur la face dorsale. La bouche et l'anus sont terminaux. La bouche est entourée par un cercle de dix-huit (?) tentacules jaune orangé à court pédoncule et à disque terminal plus ou moins lobé. Ce cercle tentaculaire est contourné, au moins dans la région antérieure, par une collerette formée d'une série de papilles.

Le radius médian ventral renferme une trentaine de pédicelles disposés sur deux rangées plus ou moins alternantes. Les radius latéro-ventraux paraissent avoir aussi chacun une trentaine de pédicelles jaunâtres. Entre ces divers radius se trouvent disséminés quelques pédicelles. On n'observe aucune trace de bordure latérale.

La face dorsale est en mauvais état. Quelques pédicelles s'observent encore dans les régions antérieure et postérieure; mais il n'est pas possible d'en indiquer la répartition exacte.

Les téguments sont épais et renferment des corpuscules cruciformes dont les branches ont leurs extrémités étalées et perforées (Pl. II, fig. 5). Parfois ces bras sont ramifiés (Pl. II, fig. 1). La partie centrale de ces corpuscules est formée par des tourelles à quatre piliers surmontés d'un dôme recouvert d'une série de piquants (Pl. II, fig. 6).

Les pédicelles ventraux renferment une plaque terminale et de nombreux corpuscules cruciformes à bras plus ou moins grêles. Dans les papilles de la collerette, on trouve, à côté des corpuscules turriformes, des bâtonnets arqués à extrémités bifurquées et dont la surface est parfois légèrement épineuse (Pl. II, fig. 2 et 3).

Les muscles longitudinaux des radius sont bien développés. Les seuls organes internes conservés sont des faisceaux de tubes génitaux blanchâtres et ramifiés.

Rapports et différences. — Par suite du mauvais état de conservation de cet échantillon, ce n'est qu'avec doute que nous le rattachons au genre *Synallactes*. Cependant il ne possède pas de bordure latérale, et ses pédicelles sont localisés en grande partie sur les radius; de plus, ses corpuscules calcaires rappellent beaucoup ceux du *Synallactes Moseleyi* (Théel), quoique chez notre espèce le sommet des tourelles soit hérissé de nombreux piquants et que les bâtonnets soient bifurqués. D'ailleurs, le nombre de tentacules et la répartition des pédicelles sur le trivium ne sont pas les mêmes dans ces deux espèces.

Cette nouvelle espèce diffère nettement des autres *Synallactes* des régions antarctiques et subantarctiques. Elle se sépare du *Synallactes Carthagei* Vaney et du *Synallactes Robertsoni* Vaney par la forme des corpuscules calcaires et par le nombre de tentacules : le *S. Carthagei* n'a que dix tentacules et le *S. Robertsoni* en a seize. Il en est de même pour le *Synallactes Challengeri* (Théel), qui a dix-neuf tentacules et dont les corpuscules calcaires cruciformes ont une colonne centrale terminée par un petit nombre de dents.

Je dédie cette espèce à M. Gourdon, membre de la Mission antarctique française.

Bathyplotes Bongraini nov. sp.

(Pl. I, fig. 4; Pl. II, fig. 4, fig. 7-9, fig. 11 et 12.)

N° 268. — Dragage IX. — 21 janvier 1909. Lat. S., 68°00′; long. W., 70°20′. Au sud de l'île Jenny. Profondeur : 250 mètres. Sable vert et roche. — 1 échantillon.

Cet exemplaire est ovalaire et aplati dorso-ventralement. Sa longueur n'est plus que de 180 millimètres, alors que sur le vivant elle atteignait 240 millimètres. Sa plus grande largeur, située vers le milieu du corps, est de 40 millimètres. Après son séjour dans l'alcool, l'échantillon est blanc grisâtre pointillé de noir, mais sa coloration sur le vivant était rouge-lie de vin.

La face ventrale de cet individu présente une sole qui s'étend sur toute la longueur du corps et qui est délimitée, de chaque côté, par un bourrelet saillant sur lequel sont répartis des pédicelles bien nets, disposés suivant trois ou quatre rangées plus ou moins alternantes (Pl. I, fig. 4). Dans la région postérieure du radius impair, on distingue deux rangées de pédicelles, plus ou moins alternantes, qui se prolongent en avant et qui sont accompagnées sur toute la longueur du radius par des pédicelles interradiaux, surtout nombreux dans la région antérieure de la sole. Ces pédicelles ne sont souvent visibles qu'à la loupe, et ils sont de bien plus petite taille que ceux situés sur les bourrelets. Des ponctuations noirâtres, disséminées sur toute la surface de la sole, rendent parfois difficile la recherche des appendices. Chaque bourrelet offre sur son bord marginal une rangée d'une vingtaine de papilles bien séparées, s'étendant sur toute la longueur du corps et se poursuivant, en avant, au-dessus du cercle des tentacules, par une sorte de collerette constituée par une vingtaine d'appendices isolés.

La bouche est ventrale et presque terminale. Elle est entourée par un cercle de dix-neuf (?) tentacules peltés et à pédoncule court. Le diamètre du cercle tentaculaire atteint 18 millimètres. L'anus subterminal est plutôt dorsal.

Le dos est convexe. Une douzaine d'appendices sont échelonnés le long de chaque radius dorsal ; ils sont disposés suivant une double rangée plus ou moins alternante. La plupart de ces appendices sont constitués par un tubercule de base ayant 10 millimètres de diamètre, surmonté d'une courte papille cylindrique de 3 millimètres de long ; quelquefois on ne distingue plus que la papille.

La paroi du corps est mince. Elle renferme des corpuscules calcaires turriformes à base tétraradiée (Pl. II, fig. 4).

Les extrémités distales des rayons de la base des corpuscules sont élargies et présentent de nombreuses perforations ; elles peuvent parfois se souder les unes aux autres. Au centre de chaque base s'élève une tourelle constituée par quatre courts piliers se réunissant à leur sommet par des travées transversales (Pl. II, fig. 8 et 9).

Les pédicelles ventraux renferment des tourelles assez semblables à celles de la paroi du corps ainsi que des bâtonnets à extrémités bifurquées et présentant quelques fins piquants (Pl. II, fig. 7, fig. 11 et 12).

Au point de vue de l'organisation interne, nous observons cinq larges bandes musculaires longitudinales, dont la largeur atteint 10 millimètres. La vésicule de Poli est unique et mesure 35 millimètres de longueur. Les organes arborescents s'insèrent sur l'intestin à une assez grande distance de l'anus ; ils s'étendent sur toute la longueur du corps, et ils présentent des cæcums latéraux courts et arborescents. Le tube digestif est grêle et a une double courbure en S. Les organes génitaux sont constitués par deux courts faisceaux de tubes blanc jaunâtre.

Rapports et différences. — Cette espèce nouvelle de Synallactinés doit rentrer dans le genre *Bathyplotes*, car elle a une sole ventrale bien limitée par une rangée de papilles ; ses radius latéro-ventraux ont des pédicelles disposés en plusieurs rangées, et sur ses radius dorsaux sont réparties des papilles. Les corpuscules calcaires contenus dans les téguments sont des tourelles à quatre piliers supportés par une base cruciforme. Mais ici le radius impair a de petits pédicelles disséminés sur une grande partie de sa longueur, quoiqu'ils ne soient bien sériés que dans la région postérieure. Ce fait se retrouve d'ailleurs chez d'autres *Bathyplotes*. C'est ainsi que le *B. phlegmaticus* Sluiter, rapporté des Indes néerlandaises par le « Siboga », a des pédicelles sur le tiers postérieur du radius impair. Le *B. natans* (Sars) des côtes de Norvège peut avoir des appendices sur ce radius, et le *B. fallax* Ostergren, de Bergen, présente un radius impair avec des pédicelles plus petits que ceux des radius latéraux, mais beaucoup plus nombreux, environ six dans la largeur. Le *B. profundus* Kœhler et Vaney de l'océan Indien a deux ou trois paires de pédicelles sur le quart antérieur du radius impair et quelques-uns de ces appendices dans la région postérieure de ce radius. Tous ces faits montrent que le radius impair des *Bathyplotes* n'est pas toujours nu. Un certain nombre d'espèces, rangées soit parmi les *Bathyplotes*, soit parmi les *Synallactes*, peuvent servir de termes de transition entre ces deux genres. C'est ainsi que le « Challenger » a recueilli sur les côtes de Patagonie une espèce que Théel a décrite sous le nom de *Stichopus Moseleyi*, mais que Ostergren et Ludwig rattachent au genre *Bathyplotes*. R. Perrier (1910) la considère avec raison comme une *Synallactes* par suite de son absence de sole. Notre nouvelle espèce, rapportée par le « Pourquoi Pas? », montre que le genre *Bathyplotes* a un représentant dans les régions antarctiques.

Je dédie cette espèce à M. Bongrain, membre de la deuxième expédition antarctique française.

DENDROCHIROTES

Cucumariidés.

Cucumaria antarctica Vaney.

1907. C. Vaney. Holothuries. *Expédition antarctique française*, p. 6.
1908. C. Vaney. Les Holothuries de l'*Expédition antarctique nationale écossaise*, p. 427.

N° 71. — Dragage V. — 29 décembre 1908. Chenal Peltier, entre l'îlot Gœtschy et l'île Doumer. Profondeur : 92 mètres. Vase grise et gravier. — 4 échantillons.
N° 78. — Dragage V. — 1 échantillon.
N° 119. — Dragage VI. — 15 janvier 1909. Entrée de la baie Marguerite, entre l'île Jenny et la Terre Adélaïde. Lat. S., 67° 45'; long. W., 70° 45' 42". Profondeur : 254 mètres. Roche, gravier. — 7 échantillons.
N° 167. — Dragage VII. — 16 janvier 1909. Lat. S., 68° 34'; long. W., 72° 05'. Près de la Terre Alexandre. Profondeur : 250 mètres. Roche. — 1 échantillon.
N° 168. — Dragage VII. — 1 échantillon.
N° 170. — Dragage VII. — 5 échantillons.
N° 308. — Dragage X. — 22 janvier 1909. Lat. S., 68° 35'; long. W., 72° 40'. Près de la Terre Alexandre. Profondeur: 297 mètres. Roche, vase bleue. — 1 échantillon.
N° 478. — 10 octobre 1909. Holothurie fixée sur une Algue récoltée par 6 mètres de fond à Port-Circoncision, île Petermann. — 1 échantillon en mauvais état.
N° 605. — Dragage XIV *b*. — 18 novembre 1909. Le long de la côte nord-est de l'île Petermann, dans le chenal de Lemaire. — 2 échantillons.
N° 632. — Dragage XV. — 26 novembre 1909. Lat. S., 64° 49' 35"; long. W., 63° 49' 18", devant Port-Lockroy, chenal de Roosen. Profondeur : 70 mètres. — 3 échantillons, dont 2 en mauvais état.

Les divers exemplaires que nous rattachons à cette espèce sont souvent de tailles bien différentes. Les uns, dont la longueur est comprise entre 40 et 60 millimètres, présentent tous les caractères des échantillons récoltés par le « Français » et la « Scotia » ; mais d'autres plus petits, n'ayant que 20 à 30 millimètres de longueur et 5 à 10 millimètres de diamètre, ont un tout autre aspect extérieur. La coloration de ces petits individus est parfois entièrement blanche, cependant, chez beaucoup de petits exemplaires, seuls les tentacules et les pédicelles sont blanchâtres. C'est surtout la texture des téguments qui présente les plus grandes variations. Les exemplaires de grande taille ont des téguments ayant l'apparence du cuir et qui renferment quelques corpuscules calcaires souvent très difficiles à déceler à cause de leur grande dissémination. Les petits individus possèdent, au contraire, des téguments assez rigides, rugueux, riches en sclérites tout à fait semblables à ceux que l'on observe chez les échantillons de grande taille. Entre ces deux séries de formes, nous observons quelques types intermédiaires. De cette comparaison il semble résulter que les jeunes individus de la *C. antarctica* auraient des téguments très riches en corpuscules calcaires, tandis que les individus âgés ne renfermeraient qu'un très petit nombre de sclérites. Comme nous le verrons plus loin, des faits semblables s'observent chez une autre *Cucumaria* antarctique, la *C. grandis*. D'après les notes prises sur le vivant, la plupart des échantillons avaient des téguments violet foncé ou brun violacé, généralement plus foncés vers les tentacules ; ceux-ci étaient blancs ou jaunâtres. Cette espèce semble présenter une grande variation dans sa coloration. C'est ainsi que, du même dragage VII, on a recueilli : 1° un exemplaire à tentacules jaunâtres et à téguments légèrement bruns, plus foncés vers la couronne tentaculaire ; 2° des exemplaires à tentacules panachés de blanc et de violet et dont les téguments étaient blanchâtres, mais légèrement bruns vers la région tentaculaire ; et enfin 3° un individu à tentacules panachés de blanc et de violet et à téguments blanchâtres. D'autres dragages ont fourni des exemplaires entièrement blanchâtres.

Cucumaria grandis Vaney.

(Pl. II, fig. 10.)

1907. C. Vaney. Holothuries. *Expédition antarctique française*, p. 12.
1908. C. Vaney. Les Holothuries de l'*Expédition antarctique nationale écossaise*, p. 428.

N° 69. — Dragage V. — 29 décembre 1908. Chenal Peltier, entre l'îlot Gœtschy et l'île Doumer. Profondeur : 92 mètres. Vase grise et gravier. — 1 échantillon.

N° 73. — Dragage V. — 1 échantillon.
N° 77. — Dragage V. — 2 échantillons.
N° 171. — Dragage VII. — 16 janvier 1909. Lat. S., 68° 34'; long. W., 72° 05' Près de la Terre Alexandre. Profondeur : 250 mètres. Roche. — 2 échantillons.
N° 567. — 16 novembre 1909. — Holothurie trouvée à marée basse dans un test d'Oursin sur une plage de l'île Petermann.

J'avais établi cette espèce sur un unique exemplaire rapporté par le « Français » ; j'avais pu en compléter la diagnose à l'aide des échantillons recueillis par la « Scotia ». Tous les individus que j'avais examinés jusqu'à présent étaient de très grande taille. Dans la collection du « Pourquoi Pas ? » je trouve un exemplaire de grandes dimensions ; il a 240 millimètres de longueur et est absolument semblable aux échantillons que j'avais déjà décrits, sauf cependant au point de vue de la coloration. Sa couleur était primitivement brun violet, et, après l'action des liquides conservateurs, elle est devenue grisâtre. A côté de cet exemplaire de grande taille se trouvent sept petits échantillons, dont la longueur varie de 15 à 60 millimètres et dont le diamètre oscille entre 5 et 20 millimètres et qui présentent tous les caractères de l'espèce.

La plupart des petits exemplaires ont le corps blanchâtre avec l'extrémité antérieure brunâtre ; leurs tentacules sont aussi blanchâtres. Mais, d'après les notes de coloration prises sur le vivant, ils étaient soit blancs, soit d'un jaune très pâle, quelquefois rosés et même parfois d'un rose carminé. Leurs téguments sont rugueux et assez rigides ; ils renferment de nombreux corpuscules calcaires en spatule, ayant en général un manche simple. Dans les exemplaires de plus grande taille, les téguments sont mous, peu épais et contiennent parfois des corpuscules dont le manche et souvent aussi la plaque spatulaire sont subdivisés en deux ou plusieurs parties (Pl. II, fig. 10). La comparaison de tous ces exemplaires nous montre que les individus jeunes renferment dans leurs téguments de nombreux corpuscules calcaires qui leur donnent de la rugosité, tandis que les exemplaires de très grande taille n'ont que quelques spatules calcaires assez disséminées au sein des téguments relativement mous. Il semble qu'au cours du développement de cette espèce il y ait eu arrêt dans la formation des sclérites et peut-être même une disparition de quelques corpuscules déjà formés. Nous avons observé des faits identiques chez une autre espèce antarctique, la *Cucumaria antarctica* Vaney. Ces deux *Cucumaria* antarctiques présentent souvent une régénération partielle de leurs tentacules. C'est ainsi que, dans la collection du « Pourquoi Pas? », un des individus du *C. grandis* a cinq de ses tentacules réduits à l'état de moignons, tandis qu'un autre individu de la même espèce et de même provenance n'a que huit tentacules, dont quelques-uns sont en voie de régénération. J'avais déjà observé de semblables faits sur des exemplaires rapportés par le « Français » et par la « Scotia ».

Cucumaria Godfroyi nov. sp.
(Pl. IV, fig. 1 à 5.)

N° 169. — Dragage VII. — 16 janvier 1909. Lat. S., 68°34'; long. W., 72° 05' environ. Près de la Terre Alexandre. Profondeur : 250 mètres. Roche. — 5 échantillons.

Ces exemplaires, tous blanchâtres, sont de petite taille. Leur longueur atteint une vingtaine de millimètres, et leur diamètre n'est que de 4 à 5 millimètres.

Les pédicelles sont localisés sur les radius, où ils se répartissent suivant deux rangées. Les radius du trivium en renferment un plus grand nombre que les radius du bivium.

Les tentacules, au nombre de dix, sont tous semblables. Leur arborescence est très découpée. Dans un exemplaire, nous ne trouvons que huit tentacules, parmi lesquels deux sont réduits à l'état de moignons.

Les téguments sont minces et très rugueux. Ils renferment de nombreux corpuscules en forme de spatule dont la poignée a l'aspect d'une tourelle : elle est large et est constituée par deux ou trois prolongements plus ou moins épineux et réunis entre eux par des lames perforées et denticulées (Pl. IV, fig. 1 et 2). La portion élargie de la spatule est parfois très étalée; elle a de nombreuses ouvertures, mais n'offre pas de tubercules ni de denticulations.

Les pédicelles renferment des corpuscules calcaires bien particuliers (Pl. IV, fig. 3 à 5). Ce sont des bâtonnets aplatis et arqués dont les extrémités et la partie moyenne s'élargissent en une plaque perforée à contours découpés et épineux; la région moyenne est déjetée du côté de l'axe, de telle sorte que tout le corpuscule a l'aspect d'un fronton.

L'anneau calcaire est formé par une agglutination de particules calcaires non soudées en pièces dures et compactes. Les muscles rétracteurs s'insèrent vers le milieu du corps. Le canal madréporique unique est circonvolutionné et se dirige en avant; il porte une plaque madréporique très visible. La vésicule de Poli est filiforme. Le tube digestif présente un estomac masticateur. Les organes génitaux sont formés par deux houppes de tubes simples, de couleur jaunâtre et placés dans la région moyenne du corps.

Rapports et différences. — La *Cucumaria Godfroyi* est très voisine de notre *C. antarctica*; mais nous avons cru nécessaire de l'en séparer à cause de ses corpuscules calcaires bien différents : ceux des téguments présentant une sorte de tourelle déjetée sur le côté et ceux des pédicelles rappelant plus ou moins ceux de la *C. crocea*. Ses sclérites à allure spatuliforme rappellent ceux de notre *C. grandis*; mais ici le manche de la spatule n'est pas simple et est toujours constitué par la réunion de deux ou trois tiges parallèles. Ces différentes espèces antarctiques ont de grandes affinités avec la *C. Steineni* de Ludwig; mais elles ne possèdent pas de dents anales comme cette dernière. Elles se séparent de la *C. georgiana* Lampert parce que leurs dix tentacules sont tous semblables entre eux, alors que l'espèce de Lampert a deux tentacules ventraux plus petits que les autres.

Je dédie cette espèce à M. Godfroy, membre de la deuxième expédition antarctique française.

Cucumaria Liouvillei nov. sp.

(Pl. III, fig. 1 à 3.)

N° 72. — Dragage V. — 29 décembre 1908. Chenal Peltier, entre l'îlôt Gerlschy et l'île Doumer. Profondeur : 98 mètres. Vase grise, gravier. — 1 échantillon.

N° 75. — Dragage V. — 1 échantillon.

N° 119. — Dragage VI. — 15 janvier 1909. Lat. S., 67°45'; long. W., 70°45'42". Entrée de la baie Marguerite entre l'île Jenny et la Terre Adélaïde. Profondeur : 254 mètres. Roche, gravier. — 3 échantillons.

N° 171. — Dragage VII. — 16 janvier 1909. Lat. S., 68°34'; long. W., 72°05' environ. Près de la Terre Alexandre. Profondeur : 250 mètres. Roche. — 3 échantillons.

N° 267. — Dragage IX. — 21 janvier 1909. Lat. S., 68°00'; long. W., 70°20'. Au sud de l'île Jenny. Profondeur : 250 mètres. Sable vert et roche. — 1 échantillon.

N° 270. — Dragage IX. — 2 échantillons.

N° 307. — Dragage X. — 22 janvier 1909. Lat. S., 68°35'; long. W., 72°40'. Près de la Terre Alexandre-Ier. Profondeur : 297 mètres. Roche, vase bleue. — 2 échantillons.

Cette nouvelle espèce paraît présenter d'assez grandes variations. Les exemplaires ont des dimensions très variables. Les plus grands atteignent 60 millimètres de longueur et 20 millimètre de diamètre, alors que d'autres, beaucoup plus petits, n'ont que 15 millimètres de longueur et 7 millimètres de diamètre. Le plus grand nombre ont de 30 à 45 millimètres de longueur et de 10 à 15 millimètres de diamètre.

Leur coloration présente aussi de notables variations. D'après les notes prises sur le vivant, le tégument de ces différents échantillons est jaune orangé, blanc rosé, rose ou blanc ; il est souvent transparent ; les tentacules sont parfois rose orangé. Après conservation dans l'alcool, la plupart des exemplaires sont devenus blanchâtres. La face ventrale de l'individu nº 72 est brunâtre et renferme de nombreux pédicelles répartis suivant chaque radius du trivium : le radius médio-ventral a quatre rangées de pédicelles très serrées, tandis que les radius latéro-ventraux n'en ont que trois. La face dorsale de cet exemplaire est blanche sur les côtés et brune dans sa région médiane ; la plupart des pédicelles du bivium sont répartis sur chaque radius suivant deux rangées plus ou moins alternantes, mais on en trouve quelques-uns disséminés dans les espaces interradiaux.

Chez d'autres exemplaires, il n'existe que deux rangées alternantes de pédicelles sur chaque radius, mais ces appendices sont beaucoup plus denses sur le trivium que sur le bivium.

La plupart des échantillons ont dix tentacules semblables, souvent de coloration jaunâtre. Chez certains individus bien étalés, les tentacules sont très arborescents ; mais, chez d'autres, les arborescences sont peu développées et simulent plutôt des aspérités. Un des échantillons du nº 270 a des tentacules réduits à des moignons, et deux autres individus ne présentent que neuf tentacules, dont l'un beaucoup plus grand paraît provenir de la fusion de deux tentacules primitifs.

Les téguments sont minces et parfois translucides. Le caractère le plus précis de cette espèce si polymorphe nous est fourni par les corpuscules calcaires de la paroi du corps qui paraissent plus nombreux chez les petits exemplaires que chez les grands. Ces corpuscules calcaires sont des plaques treillissées plus ou moins circulaires et en forme de coupes très surbaissées ; leur diamètre est assez variable ; elles ont souvent une dizaine d'ouvertures à pourtour denté (Pl. III, fig. 1 et 3). Cette denticulation si caractéristique s'observe quelquefois sur la périphérie de la plaque. Dans les pédicelles on retrouve quelques-unes de ces plaques dont les perforations sont à pourtour denticulé (Pl. III, fig. 2); vers l'extrémité de ces appendices, les corpuscules calcaires ont parfois un contour moins profondément découpé.

L'anneau calcaire n'est pas constitué par des plaques dures et résistantes, mais il est réduit à un amas de granulations blanchâtres. Les muscles rétracteurs viennent s'insérer vers la moitié de la longueur du corps. Suivant les échantillons, on observe d'une à quatre vésicules de Poli fusiformes dont la longueur varie de 17 à 20 millimètres. Il existe soit un seul canal madréporique, soit un groupe de quatre à cinq de ces canaux de 3 millimètres de longueur. Les organes génitaux sont constitués par deux houppes de tubes simples jaunâtres. Les organes arborescents sont bien découpés et à parois transparentes.

Rapports et différences. — Cette espèce est très polymorphe; cependant elle se caractérise bien nettement par ses corpuscules calcaires en forme de plaques calcaires perforées dont chaque trou est limité par un pourtour denticulé. Cette particularité n'a encore été signalée chez aucune *Cucumaria*, mais elle est fréquente chez les Synaptidés.

Je dédie cette espèce à M. Liouville, membre de la deuxième expédition antarctique française.

Cucumaria Joubini nov. sp.

(Pl. I, fig. 1, 3 et 10; Pl. III, fig. 4 à 11.)

N° 77. — Dragage V. — 29 décembre 1908. Chenal Peltier, entre l'ilot Gœtschy et l'île Doumer. Profondeur : 98 mètres. Vase grise, gravier. — Nombreux échantillons.

N° 634. — Dragage XV. — 26 novembre 1909. Lat. S., 64° 49′ 35″; long. W., 63° 49′ 18′. Devant Port-Lockroy. Chenal de Roosen. Profondeur : 70 mètres. Vase et cailloux. — Nombreux échantillons.

Les exemplaires sont de différentes tailles. Les plus grands ont de 40 à 45 millimètres de longueur et de 10 à 12 millimètres de diamètre. Leurs téguments ainsi que leurs tentacules étaient colorés en rose sur le vivant; mais, sous l'action des liquides conservateurs, ils sont devenus blanchâtres, sauf parfois pour la région dorsale qui est alors légèrement brune. La bouche et l'anus sont terminaux. La bouche est entourée par un cercle de dix tentacules, dont les deux ventraux sont de plus petite taille que les autres. Quelques tentacules sont parfois réduits à l'état de moignons; d'autres présentent des taches pigmentaires. La région postérieure du corps est arrondie, et l'anus est bordé par cinq petites papilles.

Les pédicelles sont en petit nombre et disposés seulement sur les radius. Ils sont plus nombreux sur les radius ventraux que sur les radius dorsaux. Les rangées de pédicelles s'arrêtent à quelque distance de la bouche et de l'anus (Pl. I, fig. 1 et 3). Chez certains exemplaires, les pédicelles placés au voisinage de la région buccale sont plus petits que ceux de la région moyenne du corps, et cette différenciation est surtout bien visible sur le trivium. Les pédicelles de chaque radius du bivium sont au nombre d'une douzaine ; ils sont très distants les uns des autres et sont disposés suivant une double rangée, mais quelquefois ils s'échelonnent en une seule série. Chez certains individus, les grands appendices du trivium paraissent délimiter une ébauche de sole ventrale ; ils sont disposés sur chaque radius suivant une double rangée. Ceux des radius latéro-ventraux, au nombre d'une vingtaine, tendent à se disposer, chez certains échantillons, en une simple rangée assez dense, à côté desquels surgissent, de distance en distance, quelques ambulacres de la deuxième rangée. Les pédicelles du radius médian sont aussi au nombre d'une vingtaine ; dans la plupart des exemplaires, ils sont disposés en une double rangée alternante ; mais, chez certains individus, ils ne forment plus qu'une simple rangée dans la région postérieure du corps, et, chez d'autres, ils constituent des groupements séparés les uns des autres par un intervalle assez grand.

Les téguments renferment quelques plaques calcaires perforées, parfois très disséminées (Pl. III, fig. 6, 7 et 11). Certaines de ces plaques ont seulement quatre grandes ouvertures. Au centre du corpuscule apparaît quelquefois un mamelon assez volumineux, et l'on trouve parfois sur les travées des mamelons de plus petite taille. Quelques plaques tégumentaires sont de grande taille et sont percées de nombreuses perforations entre lesquelles sont répartis un grand nombre de mamelons (fig. 6). Vers les pédicelles, les corpuscules s'allongent suivant un axe ; ils ont d'assez nombreuses perforations, mais seulement quelques mamelons (Pl. III, fig. 4 et 10). Les tentacules contiennent des bâtonnets aplatis et quelquefois arqués et qui présentent une ou deux séries de perforations et quelques fines granulations saillantes à leur surface (Pl. III, fig. 5, 8 et 9).

L'anneau calcaire (Pl. I, fig. 10) est formé par dix pièces calcaires dont les parties interradiales sont en forme de chevrons, tandis que les radiales sont massives. Le canal madréporique est unique et se termine par une plaque madréporique dirigée en avant. Il n'existe qu'une seule vésicule de Poli de 10 millimètres de longueur. Les organes génitaux sont constitués par deux faisceaux comprenant chacun une dizaine de tubes moniliformes de 20 millimètres de longueur et à renflements rougeâtres. Une papille génitale fait saillie vers le cercle des tentacules.

Certains des exemplaires (Pl. I, fig. 1) présentent immédiatement en arrière de la région tentaculaire des boursouflures provenant de l'agglomération d'œufs de coloration rougeâtre dans des poches incubatrices. Celles-ci, au nombre de cinq, ont chacune une ouverture antérieure placée dans un interradius, à quelques millimètres de la base des tentacules. Les pédicelles situés sur la paroi de ces poches sont beaucoup plus réduits que les autres. Les œufs sont en voie de développement et sont tous au même stade.

Rapports et différences. — La *Cucumaria Joubini* ressemble beaucoup à la *C. georgiana* Lampert et surtout à la forme que Lampert avait d'abord décrite sous le nom de *C. pithacnion* et dont les pédicelles étaient localisés en double rangée sur les radius. En effet, les plaques de la paroi du corps ont à peu près la même forme; l'anneau calcaire est semblable et, parmi les dix tentacules, les deux ventraux sont plus petits. Malgré ces caractères communs, il nous paraît nécessaire de la séparer de cette espèce pour les raisons suivantes :

1° Les corpuscules calcaires des tentacules sont des plaques allongées bien différentes des sclérites signalés par Lampert et Ludwig chez *C. georgiana* ;

2° Les pédicelles dans chaque radius sont ici moins nombreux que chez la *C. georgiana*, et leur disposition sur le trivium est bien particulière avec cette ébauche de sole ventrale que l'on rencontre chez certains exemplaires;

3° L'existence de cinq poches incubatrices interradiales paraît aussi tout à fait spéciale à la *C. Joubini*. Cependant ce dernier caractère, qui semble si important au premier abord, ne doit pas être considéré comme prépondérant tant que l'on ne connaîtra pas toute la biologie de la *C. georgiana*. Il faut tenir compte que nos connaissances sur une espèce sont souvent fragmentaires et ne sont complétées que progressivement. C'est ce que nous montre bien les observations faites récemment sur la *C. crocea* (Lesson). Cette ancienne espèce a été décrite à maintes reprises. Au cours du voyage du « Challenger », Wyville Thomson avait observé que les jeunes de *C. crocea* étaient portés sur le bivium des parents, dont les deux radius dorsaux avaient été modifiés et avaient un aspect verruqueux. Ces faits furent confirmés par Théel, par Ludwig et par moi-même. Mais ce n'était là qu'une observation incomplète, et les exemplaires rapportés par la « Discovery » ont permis à Mac Bride et Simpson (1908) de signaler chez cette espèce la présence de deux poches incubatrice ventrales.

Notre nouvelle forme incubatrice s'éloigne de la *C. crocea* non seulement par le nombre différent des poches incubatrices, mais encore par la forme des corpuscules calcaires et par la présence de deux tentacules ventraux plus petits que les autres. Elle se sépare aussi de la *C. lateralis* Vaney, qui, au point de vue des corpuscules calcaires, se rapproche de la *C. georgiana*, mais qui possède deux poches incubatrices ventrales et dont la disposition des pédicelles est bien différente de ce que nous avons signalé chez la *C. Joubini*.

Par suite d'un début d'ébauche de sole ventrale, notre *Cucumaria* doit être considérée comme un terme de transition entre les *Cucumaria* et les *Psolidium*.

Je dédie cette espèce à M. le Dr Joubin, professeur au Muséum, qui m'a si aimablement fourni l'occasion d'étudier les collections du « Français » et du « Pourquoi Pas ? ».

Psolidium Gaini nov. sp.
(Pl. I, fig. 7 à 9 ; Pl. IV, fig. 6 à 14.)

N° 635. — Dragage XV. — 26 novembre 1909. Lat. S., 64°49'55"; long. W., 65°49'18". Devant Port-Lockroy, chenal de Roosen. Profondeur : 70 mètres. Vase et cailloux. — 2 échantillons.

En examinant simplement à l'œil nu ces deux exemplaires, on serait tenté de les classer parmi les *Psolus* dont la sole ventrale est limitée par un rebord marginal; mais l'examen microscopique d'une portion de la paroi dorso-latérale du corps nous révèle sur toute cette région la présence d'un grand nombre de petits pédicelles présentant chacun une plaque terminale (Pl. IV, fig. 10). De telle sorte que ces deux échantillons doivent être rattachés au genre *Psolidium*. Ils constituent les types d'une espèce nouvelle, que nous désignons sous le nom de *Psolidium Gaini*, la dédiant à M. Louis Gain, qui a si bien préparé la collection des Échinodermes au cours de l'expédition du « Pourquoi Pas? ».

Les deux exemplaires avaient sur le vivant les téguments et les tentacules d'un rose légèrement orangé, mais, après conservation, ils sont devenus blanchâtres. Ils sont de taille assez différente. Le grand individu a 40 millimètres de longueur, 7 millimètres de largeur et 10 millimètres de hauteur; le petit échantillon n'a que 30 millimètres de longueur et 6 millimètres de largeur et de hauteur. Tous deux présentent une sole ventrale à paroi mince bien délimitée par un petit rebord marginal plus ou moins infléchi du côté interne (Pl. I, fig. 8). Cette sole est ovalaire; son grand axe a 32 millimètres chez le grand exemplaire et 20 millimètres chez le petit échantillon, et les petits axes correspondants ont 7 millimètres et 4 millimètres.

La face dorsale du corps est bombée (Pl. I, fig. 9); elle se surélève légèrement en avant, où elle se prolonge par un siphon buccal cylindrique plus ou moins redressé; tandis qu'en arrière cette région dorsale se termine en un court siphon anal de forme conique. Les deux siphons sont recouverts de petits piquants, mais il n'existe aucune plaque différenciée autour des ouvertures buccale et anale. La bouche est entourée par une couronne de dix tentacules dont les deux ventraux sont plus petits que les autres

Le rebord infléchi de la sole ne permet pas d'indiquer avec précision la disposition des pédicelles le long des radius ventro-latéraux. Sur presque toute la longueur de ces radius, les pédicelles paraissent disposés suivant quatre rangées, mais en certains points on ne trouve que deux rangées. Le radius médian ventral présente seulement deux groupes de pédicelles à ses extrémités ; le groupement antérieur est toujours le plus important. Celui-ci comprend une douzaine de pédicelles disposés en un triangle de 5 à 6 millimètres de hauteur et dont la base, constituée par quatre appendices, est appliquée contre le rebord marginal. Quelques plis longitudinaux de la paroi de la sole suivant le radius impair rendent difficile l'examen de cette région, mais il semble qu'il n'y ait pas de pédicelles intermédiaires répartis entre les deux groupes terminaux. A la base du siphon buccal, chacun des deux radius du bivium présente un pédicelle bien net. Toute la surface dorsale est grenue et, examinée au microscope, présente un grand nombre de petits pédicelles.

Les téguments de la région convexe du corps sont rigides et assez épais. Ils renferment deux sortes de corpuscules : 1° des plaques allongées (Pl. IV, fig. 7), pourvues de nombreuses perforations plus ou moins alignées dans le sens du grand axe de la plaque ; 2° des petits corpuscules treillissés en forme de corbeille dont l'anse est latérale (Pl. IV, fig. 8). Ces derniers sclérites sont superficiels. Les pédicelles dorsaux possèdent dans leurs parois latérales des plaques perforées (Pl. IV, fig. 14) et sont munis chacun d'une plaque terminale (fig. 10).

Les téguments de la sole contiennent des plaques à contours irréguliers et à plusieurs perforations situées chacune sur une partie saillante (Pl. IV, fig. 6, 9 et 13). Les pédicelles de cette sole ont des plaques plus ou moins allongées et à perforations disposées en une ou deux rangées sensiblement alternantes.

L'anneau calcaire (Pl. I, fig. 7) est composé de dix pièces presque semblables en forme de chevron, munie chacune d'une pointe antérieure. Les muscles rétracteurs ont une longueur de 7 millimètres.

La vésicule de Poli est unique et a de 5 à 6 millimètres de longueur. Le canal madréporique est court et se termine par une plaque peu visible.

Les organes génitaux sont formés par deux houppes de filaments blanc jaunâtre dont les antérieurs sont très grands.

Rapports et différences. — Le *Psolidium Gaini* s'éloigne des *Psolidium convergens* (Hérouard) et *Ps.* (*Cucumaria*) *Coatsi* Vaney des régions antarctiques par la présence d'une sole bien délimitée par un rebord marginal, ce qui le rapproche des véritables *Psolus*, tandis que les deux autres espèces signalées sont plutôt voisines des *Cucumaria*.

Ce nouveau *Psolidium* se rapproche du *Ps. dorsipes* Ludwig, qui possède aussi une sole avec un rebord marginal et dont les pédicelles dorsaux sont irrégulièrement répartis. Mais l'espèce de Ludwig a la face dorsale du corps couverte d'écailles nombreuses, visible à l'œil nu et imbriquées les unes sur les autres ; sa sole ventrale a trois séries complètes de pédicelles marquant les trois radius ventraux, et sur le radius impair sont disposés deux rangs de pédicelles très complets et assez serrés les uns contre les autres. D'ailleurs, dans ces deux espèces, les corpuscules calcaires ne sont pas semblables : c'est ainsi que la paroi de la sole ventrale du *Ps. dorsipes* renferme trois sortes de sclérites, tandis que chez le *Ps. Gaini* nous n'en avons observé qu'une sorte.

Psolus Charcoti Vaney.
(Pl. V, fig. 11 à 16.)

1907. — C. Vaney. Holothuries. *Expédition antarctique française*, p. 21.

N° 76. — Dragage V. — 29 décembre 1908. Chenal Peltier, entre l'ilot Gœtschy et l'île Doumer. Profondeur : 92 mètres. Vase grise et gravier. — 5 échantillons.
N° 79. — Dragage V. — 6 échantillons.
N° 633. — Dragage XV. — 26 novembre 1909. Lat. S., 64°49'55"; long. W., 65°49'18". Chenal de Roosen, devant Port-Lockroy. Profondeur : 70 mètres. Vase et cailloux. — Nombreux exemplaires.

J'ai hésité, pendant un certain temps, à rapprocher ces divers exemplaires du type spécifique rapporté par le « Français » de la baie de Biscoë par 110 mètres de profondeur et que je n'avais pu étudier qu'imparfaitement par suite de son état de contraction et de l'attaque des liquides conservateurs.

Comme l'exemplaire de la baie de Biscoë, tous les échantillons du « Pourquoi Pas? » ont un corps plus ou moins cylindrique. D'après les notes prises sur le vivant, leurs téguments étaient brunâtres ou d'un rose sale pouvant quelquefois aller jusqu'au brun, tandis que les tentacules étaient rose très pâle ou rose orangé. Après conservation dans l'alcool, ils ont une coloration blanc grisâtre, et leur couronne tentaculaire est entièrement blanche. Leurs téguments sont minces, plus ou moins plissés et souvent d'apparence quadrillée. Tous ces échantillons sont de bien plus grande taille que notre type spécifique : certains ont 75 millimètres de longueur et 25 à 30 millimètres de diamètre, alors que la majorité a en moyenne de 45 à 60 millimètres de longueur et de 20 à 25 millimètres de diamètre ; deux individus seulement n'ont que 20-22 millimètres de longueur et 10 millimètres de diamètre.

Chez cette espèce, la sole ventrale ne se caractérise que par son aplatissement et par une surface généralement beaucoup plus lisse que celle des autres régions du corps. Pourtant, chez quelques exemplaires, il semble exister un très faible bourrelet latéral placé sur les côtés de la sole. Si cette formation n'est pas le résultat de l'état de contraction du corps sous l'influence des liquides conservateurs, elle représenterait l'ébauche d'une bordure marginale.

La sole n'occupe pas toute la surface ventrale du corps : elle ne s'étend souvent que sur les deux tiers de la longueur de l'animal et même parfois que sur la moitié de cette longueur. Les pédicelles sont exclusivement localisés sur les aires radiales de la sole ; leur nombre ainsi que leur répartition présentent de très grandes variations.

Les radius latéraux du trivium ont de sept à vingt-cinq pédicelles disposés sur une rangée unique. Il y a souvent une dissymétrie très marquée entre les deux radius latéraux d'un même individu, car l'un peut renfermer quelques pédicelles de plus que l'autre ; c'est ainsi que, sur un échantillon de 75 millimètres de longueur, j'ai compté neuf pédicelles à droite et treize à gauche. Mais les plus grandes variations sont présentées par le radius médian ventral. J'ai compté sur ce radius de quatre à dix-neuf pédicelles disposés sur deux rangées, quelquefois alternantes. Ces appendices sont localisés surtout aux extrémités antérieure et postérieure du radius impair, alors que, dans la région moyenne de celui-ci, ils peuvent être ou absents, ou en petit nombre et alors très disséminés. En comparant entre eux les divers individus, on remarque, en général, que les plus grands exemplaires possèdent le plus grand nombre de pédicelles sur le radius médian ventral. Ainsi un petit exemplaire de 22 millimètres de longueur, ayant une sole de 12 millimètres de longueur pourvue de sept ou huit pédicelles dans chaque radius latéral du trivium, ne présente que quatre pédicelles sur son radius impair, répartis par paire à chacune des extrémités; tandis que des échantillons de 65 à 70 millimètres de longueur avaient de dix-sept à dix-neuf pédicelles répartis sur tout le radius impair. Il semble qu'il y ait augmentation du nombre des pédicelles dans le cours du développement de cette espèce; mais cette augmentation ne se fait pas d'une façon régulière, car des individus de même longueur peuvent parfois présenter de très grandes variations au point de vue du nombre de ces appendices. Quelques-uns de ces *Psolus* sont étalés et présentent une couronne tentaculaire formée de dix tentacules arborescents, dont les deux ventraux sont de plus petite taille que les autres.

. Si nous comparons ces divers exemplaires recueillis par le « Pourquoi Pas? » avec l'unique échantillon de notre *Psolus Charcoti* provenant de la première expédition antarctique française, nous trouvons un certain nombre de différences qui expliquent notre première hésitation pour les rattacher tous à la même espèce. En effet, nous devons tout d'abord signaler que le type spécifique ne présente qu'une seule rangée de pédicelles s'étendant sur toute la longueur du radius médian ventral, mais cette différence est de peu d'importance, car nous avons vu une très grande variabilité dans le nombre et la distribution de ces appendices. Mais la différence la plus marquée est celle tirée des corpuscules calcaires. Dans le type spécifique, nous n'avons jamais trouvé qu'une seule couche de sclérites; tandis que dans les téguments de tous les exemplaires rapportés par le « Pourquoi Pas? » nous observons deux couches de corpuscules : une superficielle formée de sortes de coupes treillissées (Pl. V, fig. 13 à 17) et une profonde constituée par de nombreuses plaques réticulées, dont l'aspect varie suivant que l'on examine la paroi de la sole ou les parois latéro-dorsales du corps. Certaines de ces plaques sont formées par plusieurs étages de travées constituant des réseaux superposés comme nous l'avions déjà décrit précédemment, mais ici les plaques atteignent souvent des dimensions beaucoup plus grandes que celles du type. Dans les pédicelles de l'unique exemplaire du « Français », nous n'avons jamais pu déceler aucun corpuscule calcaire, alors que dans les appendices de tous les individus du « Pourquoi Pas? » nous observons des coupes treillissées et quelques plaques calcaires allongées pourvues de nombreuses perforations (Pl. V, fig. 12 *a*, *b*, *c*, *d*, *e*). Toutes ces différences au point de vue des corpuscules calcaires tiennent probablement à ce fait que l'exemplaire du « Français » a été soumis à l'action d'une formaldéhyde acide qui a dissous les sclérites les plus superficiels. De telle sorte que nous devons considérer la présence des coupes treillissées superficielles comme constante dans cette espèce. Ce caractère rapprocherait beaucoup notre *Psolus Charcoti* du *Psolus Murrayi* Théel. Cette dernière espèce a été établie sur un unique exemplaire recueilli par le « Challenger » par 37° 17′ de latitude Sud et 53° 52′ de longitude Ouest, à une profondeur de 600 brasses; elle possède une sole qui semble bien délimitée par une bordure marginale saillante; sa région dorsale est fortement verruqueuse, et chaque verrue paraît être formée par un réseau de même structure que celui qui compose les écailles elles-mêmes; en outre, la disposition des pédicelles n'est pas la même que dans notre espèce. Tout cet ensemble de caractères séparent bien le *Ps. Murragi* de notre *Ps. Charcoti*.

Au point de vue de l'organisation interne, nous observons que l'anneau calcaire du *Ps. Charcoti* est constitué par dix pièces fortement soudées les unes aux autres (Pl. V, fig. 11); chacune de ces pièces, radiales ou interradiales, est pourvue d'un prolongement antérieur en forme de pointe. Il existe une seule vésicule de Poli, allongée, mesurant 10 millimètres de longueur; elle est située un peu à gauche du plan médian. Le canal madréporique se termine par une grosse plaque ovoïde. Les téguments sont blanchâtres à l'intérieur; les bandes musculaires longitudinales sont minces et blanchâtres. Il y a deux touffes de tubes génitaux simples et blanchâtres. Les organes arborescents ont une paroi très mince et transparente.

Sur de nombreux exemplaires nous trouvons des animaux fixés.

Psolus Kœhleri nov. sp.
(Pl. I, fig. 2, 5 et 6; Pl. V, fig. 1 à 10.)

Nº 74. — Dragage V. — 29 décembre 1908. Chenal Peltier, entre l'ilot Gœtschy et l'île Doumer. Profondeur : 98 mètres. Vase grise, gravier. — Nombreux échantillons.
Nº 629. — Dragage XV. — 23 novembre 1909. Lat. S., 64°49'55"; long. W., 63°49'18". Devant Port-Lockroy. Chenal de Roosen. Profondeur : 70 mètres. Vase et cailloux. — Nombreux échantillons.
Nº 630. — Dragage XV. — 4 échantillons.

Ce nouveau *Psolus* rappelle beaucoup extérieurement notre *Ps. granulosus*, mais il est de bien plus grande taille. Certains exemplaires ont 65 millimètres de longueur, et les plus petits individus ont encore 32 à 38 millimètres de longueur.

Le corps de ce *Psolus* présente une région dorsale fortement bombée et une face ventrale aplatie occupée en majeure partie par une sole que limite une bordure assez saillante (Pl. I, fig. 2, 5 et 6). D'après la note de couleur prise sur l'animal vivant, la sole est blanche, alors que tout le reste du corps est d'un beau rouge ; les tentacules sont rosés ou d'un rose violacé très pâle. Après le séjour dans l'alcool, ces colorations si vives ont disparu, et tous les échantillons sont devenus uniformément blanchâtres. La sole ventrale a des parois minces ; sa forme est ovalaire ou rectangulaire ; sa longueur n'est que les deux tiers de la longueur totale du corps, tandis que sa largeur est sensiblement la même que celle du corps. Cette largeur, d'ailleurs, varie suivant l'état de contraction de l'animal : chez certains exemplaires, ayant tous sensiblement 55 millimètres de longueur, nous la voyons varier de 15 à 25 millimètres.

La hauteur du corps est comprise entre 10 à 22 millimètres ; elle subit de grandes variations, et le plus souvent elle va en diminuant d'avant en arrière. Sur la face dorsale du corps, on trouve, en avant, le siphon buccal et, en arrière, le siphon anal qui font tous deux plus ou moins saillie. Le siphon buccal est presque toujours cylindrique, et son diamètre est compris entre 12 à 20 millimètres ; sa direction est assez variable, de telle sorte que la couronne tentaculaire est dirigée soit en avant, soit vers le haut. Le siphon anal apparaît sous la forme d'un mamelon tronconique de 7 millimètres de diamètre et de 3 à 5 millimètres de hauteur.

En dehors de la sole ventrale, tout le reste du corps est limité par des téguments assez rigides et d'aspect réticulé. Aucune grande plaque différenciée ne borde les ouvertures buccale et anale.

Les tentacules sont au nombre de dix; les deux ventraux sont de plus petite taille que les autres. Quelques petites ponctuations noirâtres apparaissent sur les digitations des tentacules. Un certain nombre d'exemplaires présentent sur le pourtour de la couronne tentaculaire cinq dépressions interradiales, véritables poches incubatrices largement ouvertes vers l'extérieur et dans l'intérieur desquelles on trouve de petits *Psolus* (Pl. I, fig. 6). On observe parfois deux pédicelles de petite taille disposés vers la région antérieure des radius dorsaux et entre les poches incubatrices (Pl. I, fig. 5). Ce sont les seuls pédicelles du bivium. Sur un exemplaire, j'ai observé deux pédicelles placés sur la portion du radius médian comprise entre la couronne tentaculaire et le bord antérieur de la sole; mais, chez la plupart des échantillons, les pédicelles sont exclusivement localisés sur la sole. Chez certains individus, la bordure de la sole ventrale présente, sur son bord libre, une série d'ambulacres soudés latéralement les uns aux autres en un repli marginal continu, dont la structure est surtout bien nette chez les exemplaires bien étalés (Pl. I, fig. 2). Sur un individu de grande taille, la bordure marginale de la sole paraît ainsi constituée par plus de quatre-vingts appendices. En dedans de cette bordure et sur la sole même sont disposés une trentaine de pédicelles répartis en deux rangées alternantes, dont l'une paraît presque toujours prépondérante.

Suivant le radius médian ventral, la disposition des pédicelles est très variable. Cependant, chez tous les exemplaires, les pédicelles existent tout le long du radius; mais, aux extrémités, ils sont plus nombreux et plus rapprochés les uns des autres, surtout vers l'extrémité antérieure, tandis qu'ils sont très disséminés dans toute la région moyenne (Pl. I, fig. 2). C'est ainsi que, chez un grand exemplaire recueilli lors du Dragage V, le radius impair nous présente, en avant, huit pédicelles disposés sur deux rangées et, tout à fait en arrière, un massif de trois pédicelles appartenant à deux rangées; ces deux massifs ambulacraires terminaux sont reliés l'un à l'autre par huit pédicelles disséminés sur toute la région moyenne et placés les uns derrière les autres en une seule file. Chez un autre individu de plus petite taille, le radius médian ventral possède vingt à vingt-cinq pédicelles disposés en deux rangées alternantes ; ces appendices sont très espacés et peu distincts dans la région moyenne du radius, mais ils sont concentrés aux extrémités : en avant, on en trouve dix disposés sur deux rangées, tandis qu'en arrière il n'existe que quatre à cinq pédicelles.

Les parois dorsales et dorso-latérales du corps renferment des plaques ovalaires à nombreuses perforations et présentant un double et même parfois un triple réseau de travées superposées. Sur ces plaques sont disposées des coupes à paroi réticulée et dont l'ouverture est bordée par des denticulations bien marquées (Pl. V, fig. 2).

La paroi mince de la sole renferme de grandes plaques calcaires (Pl. V, fig. 1), à contours irréguliers et à larges ouvertures, et des coupes plus surbaissées que celles qui existent dans les autres régions du corps (Pl. V, fig. 3 et 5). Dans les pédicelles de la sole, on trouve des sortes de corpuscules calcaires en forme de coupes, ainsi que des plaques allongées à nombreuses perforations (Pl. V, fig. 4, 8 et 9).

L'anneau calcaire (Pl. V, fig. 10) est constitué par dix pièces en chevron, munie chacune d'une pointe antérieure, qui est beaucoup plus massive dans les parties radiales que dans les interradiales.

Il existe une vésicule de Poli de 7 millimètres de longueur. Les organes génitaux sont formés par deux houppes de tubes qui s'étendent très en arrière dans le corps et qui se réunissent en avant en un tube génital dont le diamètre est parfois assez grand.

Rapports et différences. — En se basant sur la présence de quelques pédicelles dans la région du bivium et sur la forme des corpuscules calcaires, on pourrait ranger cette nouvelle espèce dans le genre *Psolidium* tel que le définit R. Perrier. Mais nous avons pensé qu'elle devait être plutôt rattachée au genre *Psolus*, parce que l'appendice unique de chaque radius dorsal n'existe pas chez tous les exemplaires et paraît fournir un caractère fugace sur le point de disparaître. Cette nouvelle espèce montre bien que les genres *Psolus* et *Psolidium* sont très voisins, et elle constitue une forme de transition entre ces deux genres.

Le mode d'incubation du *Psolus Kœhleri* est bien particulier et est tout à fait différent de celui que nous avons signalé chez le *Psolus granulosus* Vaney. En effet, dans cette dernière espèce, les œufs sont enchâssés dans des verrucosités de la sole ventrale, tandis que chez ce nouveau *Psolus* les œufs sont déposés dans des poches interradiales situées à la base de la couronne tentaculaire.

D'ailleurs le *Psolus granulosus* se distingue du *Psolus Kœhleri* par d'autres caractères. La taille du *Ps. granulosus* est toujours plus petite que celle du *Ps. Kœhleri*. Chez le *Ps. granulosus* épanoui, le siphon buccal est nettement terminal, et le siphon anal est toujours peu saillant, tandis que, chez notre nouvelle espèce, le siphon buccal est plutôt oblique et dirigé vers le haut, et le siphon anal a la forme tronconique. La forme de la sole et la structure de la bordure marginale qui la limite sont bien différentes dans ces deux espèces. De plus, chez le *Ps. granulosus*, le radius impair ne présente des pédicelles qu'à ses extrémités antérieure et postérieure, toute sa portion moyenne restant nue, alors que, chez le *Ps. Kœhleri*, les pédicelles sont toujours disséminés tout le long du radius impair, quoiqu'ils soient plus condensés aux extrémités. Ces deux espèces sont donc bien distinctes, mais leurs corpuscules calcaires présentent entre eux une si grande analogie que nous devons admettre qu'elles sont très voisines, seulement l'une est franchement un *Psolus*, tandis que l'autre a des caractères de *Psolidium*.

Je suis heureux de dédier cette espèce à mon maître et ami M. R. Kœhler, professeur de zoologie à la Faculté des sciences de Lyon, dont les travaux sur les Échinodermes sont universellement connus et appréciés.

LISTE DES ESPÈCES RECUEILLIES AUX DIFFÉRENTES STATIONS.

Dragage V. — 29 décembre 1908. Chenal Peltier, entre l'îlot Gœtschy et l'île Doumer. Profondeur : 92 mètres. Vase grise et gravier. Température de l'eau au fond : — 0°,1.

Cucumaria antarctica.
Cucumaria grandis.
Cucumaria Liouvillei.
Cucumaria Joubini.
Psolus Charcoti.
Psolus Kœhleri.

Dragage VI. — 15 janvier 1909. Lat. S., 67°43'; long. W., 70°45'42". Entrée de la baie Marguerite, entre l'île Jenny et l'île Adélaïde. Profondeur : 254 mètres. Roche et gravier. Température de l'eau au fond : — 1°,18.

Cucumaria antarctica. | *Cucumaria Liouvillei.*

Dragage VII. — 16 janvier 1909. Lat. S., 68°34'; long. W., 72°05'. Près de la Terre Alexandre-Ier. Profondeur : 250 mètres. Roche. Température de l'eau au fond : — 1°,6.

Synallactes (?) Gourdoni.
Cucumaria antarctica.
Cucumaria grandis.
Cucumaria Godfroyi.
Cucumaria Liouvillei.

Dragage IX. — 21 janvier 1909. Lat. S., 68°00' 5"; long. W., 70°02'. Au sud de l'île Jenny. Profondeur : 250 mètres. Sable vert et roche. Température de l'eau au fond : — 0°,5.

Bathyplotes Bongraini. | *Cucumaria Liouvillei.*

Dragage X. — 22 janvier 1909. Lat. S., 68° 35'; long. W., 72° 40'. Près de la Terre Alexandre-Ier. Profondeur : 297 mètres. Roche et vase bleue. Température de l'eau au fond : — 0°,6.

Cucumaria antarctica. | *Cucumaria Liouvillei.*

Dragage XIV *b*. — 18 novembre 1909. Le long de la côte Nord-Est de l'île Petermann, dans le chenal de Lemaire.

Cucumaria antarctica.

Dragage XV. — 26 novembre 1909. Lat. S., 64° 49' 35" ; long. W., 63° 49' 18". Chenal de Roosen, devant Port-Lockroy. Profondeur : 70 mètres. Vase et cailloux.

Cucumaria antarctica.
Cucumaria Joubini.
Psolidium Gaini.
Psolus Charcoti.
Psolus Kœhleri.

Ile Petermann : Lat. S., 65°10' 34"; long. W., 66°32' 30". Sur la plage :

Cucumaria grandis.

DEUXIÈME PARTIE

CONSIDÉRATIONS GÉNÉRALES SUR LES HOLOTHURIES ANTARCTIQUES ET SUBANTARCTIQUES

Dans son beau mémoire sur les Holothuries de Magellan, paru en 1898, Ludwig a fait une revision d'ensemble des Holothuries antarctiques, et il les a ensuite comparées aux formes arctiques. Ce savant comprenait, sous le nom de région antarctique, toute la calotte polaire australe limitée par le 40° latitude Sud. Or cette calotte australe se subdivise elle-même en une région antarctique et une région subantarctique. Ludwig n'avait probablement pas tenu compte de cette subdivision, parce qu'à cette époque la faune antarctique était peu connue.

Depuis 1898, les explorations antarctiques se sont multipliées et nous ont rapporté de si nombreuses Holothuries des régions polaires australes qu'il me paraît utile de synthétiser maintenant l'ensemble de nos connaissances sur les espèces antarctiques et subantarctiques. Mais avant il est nécessaire de bien définir ce que nous entendons par région antarctique et par région subantarctique.

Pelseneer (1903) limite la région antarctique à l'Antarctide, c'est-à-dire au continent, à contours plus ou moins hypothétiques, établi au pôle austral. Cette région comprend non seulement les terres australes situées à l'intérieur du cercle polaire avec leurs différentes parties saillantes, mais encore les îles avoisinantes, qui n'en sont séparées que par de faibles profondeurs. C'est à cette définition que s'est rallié Mortensen dans l'étude des Échinides du « Gauss ». Dans son important mémoire sur les Échinodermes (Astéries, Ophiures, Échinides) de la deuxième expédition antarctique française, Kœhler (1912) trouve, avec juste raison, que cette conception offre l'inconvénient de s'appliquer trop exclusivement à la faune littorale. Il est nécessaire de la modifier pour la rendre plus générale et pour permettre de l'appliquer à l'ensemble de la faune littorale et de la faune abyssale. Kœhler a discuté assez longuement les données permettant de fixer les limites de la région antarctique pour la faune marine. Il montre que la ligne d'extension maximum de la banquise ainsi que celle des minima absolus de — 1°,11 C. (30° F.) pour l'eau superficielle de la mer et l'isotherme de 0° C. pour l'air constituent trois courbes qui ont sensiblement la même configuration. Finalement Kœhler admet comme limite septentrionale de la région antarctique la ligne d'extension maximum de la banquise. Nous nous rallions complètement à cette manière de voir, qui présente l'avantage de s'appliquer à la fois aux Holothuries littorales et aux Holothuries abyssales.

Nous diviserons cette région antarctique en quatre quadrants, qui sont : à l'Ouest, de 0° à 90° de longitude, le quadrant américain ou de Weddell et, de 90° à 180° de longitude, le quadrant pacifique ou de Ross ; à l'Est, de 0° à 90° de longitude, le quadrant africain ou d'Enderby et, de 90° à 180°, le quadrant australien ou de Victoria.

Les Holothuries antarctiques que nous connaissons sont surtout celles qui proviennent des collections du « Challenger », de la « Southern-Cross », de la « Belgica », du « Français », de la « Scotia », de la « Discovery » et du « Pourquoi Pas? ». Nos données sur les quadrants australien et pacifique sont peu importantes, car la « Southern-Cross » et la « Discovery » n'ont recueilli qu'un très petit nombre d'exemplaires déterminables. La plus grande partie de nos connaissances se rapportent au quadrant américain; elles sont le résultat des explorations antarctiques belge, écossaise et françaises. Nos renseignements sur les Holothuries antarctiques sont plus restreints que ceux que nous possédons sur d'autres Échinodermes, sur les Échinides, par exemple; cela est dû à ce que les Holothuries rapportées par le « Gauss » n'ont pas encore été publiées. Mais, quoique fragmentaires, nos connaissances sur les Holothuries antarctiques sont intéressantes, parce qu'elles se rapportent non seulement à des formes littorales, mais encore à quelques espèces abyssales. Ce sont les dragages du « Challenger » et de la « Scotia » qui nous ont fait connaître les représentants de cette faune abyssale. Les dragages du « Challenger » ont surtout été effectués dans le quadrant africain, tandis que ceux de la « Scotia » ont eu lieu à des profondeurs variant de 2515 à 4740 mètres en différentes stations situées dans le quadrant de Weddell.

Si l'extension maximum de la banquise fournit une limite naturelle bien précise pour séparer la région antarctique de la région subantarctique, il est plus difficile d'indiquer la limite septentrionale de cette dernière région. En effet, elle est peu nette, et on observe souvent des échanges d'espèces entre la faune subantarctique et celle des régions avoisinantes de plus faible latitude. Ceci rend la délimitation quelque peu arbitraire. Cette limite est parfois simplement fixée au 50° Sud. Pelseneer se sert pour la délimiter de la ligne des minima de + 4°,44 C. pour la surface de la mer qui a sensiblement la même allure que l'isotherme de — 4°,44 C. pour l'air en juillet, mois le plus froid de l'hémisphère austral. Kœhler considère avec juste raison que cette limite septentrionale de la région subantarctique sera toujours arbitraire et devra être assez élastique. Nous admettrons complètement sa manière de voir, basée en grande partie sur des caractères faunistiques.

La région subantarctique, d'après Kœhler, se trouverait jalonnée au nord par l'île de Chiloë, située vers le 43°S. sur la côte occidentale de l'Amérique du Sud, alors que, sur la côte orientale, elle ne dépasserait pas le cap Blanco, situé vers le 48° Sud. Elle comprendrait non seulement la pointe sud de l'Amérique, le détroit de Magellan et la Terre de Feu, mais encore les îles avoisinantes : Falkland et Géorgie du Sud. L'île Falkland possède un grand nombre d'espèces communes avec l'Amérique du Sud ; la Géorgie du Sud présente déjà une faune spéciale. La région subantarctique comprendra : dans le quadrant africain, les îles Kerguelen, Heard ou Mac Donald, Crozet, Marion et Prince-Édouard, qui sont sous une latitude comprise entre le 43° et le 46° latitude Sud ; dans le quadrant australien, cette région renferme les îles Macquarie et Auckland. Quoique la Nouvelle-Zélande présente un petit nombre d'espèces communes avec la région subantarctique, nous l'en séparerons pour l'étudier à part, car sa faune a des caractères bien spéciaux.

En général, nous n'aurons aucune difficulté pour séparer la faune abyssale de la faune littorale, par suite des très grandes différences qui existent entre les profondeurs où l'on a recueilli les Holothuries abyssales et les limites inférieures de la zone littorale, que nous envisageons être au voisinage de 400 mètres de profondeur. Cependant un petit nombre d'espèces se rencontrent à des profondeurs assez variables, et la *Cucumaria crocea* (Lesson), qui est généralement littorale, a été recueillie par la « Scotia », non seulement à une profondeur de 4 brasses, mais encore à 2 103 brasses.

Dans ces considérations générales, nous étudierons séparément les Holothuries abyssales et les Holothuries littorales. Dans chacune de ces faunes, nous classerons les formes, suivant les régions où elles se localisent, en espèces antarctiques et espèces subantarctiques. Cela nous permettra de signaler les Holothuries particulières à chacune de ces régions et celles qui leur sont communes ou qui ont une aire de répartition plus étendue. Les caractères généraux de ces faunes pourront aussi nous fournir quelques renseignements sur l'origine et sur les particularités des Holothuries antarctiques.

HOLOTHURIES ABYSSALES

1° RÉGION ANTARCTIQUE. — Les Holothuries abyssales des régions antarctiques que nous connaissons actuellement ont été recueillies par le « Challenger » en 1874 et par la « Scotia » en 1902-1904. La « Scotia » en a rapporté onze espèces à la suite de dragages effectués à des profondeurs de 1 410 à 2 620 brasses dans une région comprise entre 66° 40′ et 71° 23′ de latitude Sud et 15° 19′ et 41° 20′ de longitude Ouest, c'est-à-dire appartenant au quadrant de Weddell ou américain. Le « Challenger » a recueilli huit espèces d'Holothuries abyssales en deux stations nettement antarctiques appartenant au quadrant africain ou d'Enderby, ou au voisinage de celui-ci dans le quadrant australien ou de Victoria. De ces deux stations, l'une est située à 60° 52′ latitude Sud et 80° 20′ longitude Est, l'autre à 62° 26′ latitude Sud et 95° 44′ longitude Est; les dragages ont été effectués à une profondeur de 1 260 brasses pour la première station et de 1 975 brasses pour la seconde. Voici la liste d'ensemble, classée par familles, de ces Holothuries abyssales franchement antarctiques :

SYNALLACTIDÉS.

Pseudostichopus villosus Théel.	*Synallactes Robertsoni* Vaney.
— — variété *violaceus* Théel.	

ELPIIDÉS.

Elpidia incerta Théel.	(?) *Kolga nana* Théel.
— *Willemöesi* Théel.	*Peniagone Mossmani* Vaney.
Scotoplanes globosa Théel var. *Murrayi* Vaney.	— *Pirei* Vaney.
Scotoplanes insignis Théel.	— *Wiltoni* Vaney.

PSYCHROPOTIDÉS.

Benthodytes recta Vaney.	*Psychropotes Brucei* Vaney.
— *sordida* Théel.	— *laticauda* Vaney.
— *spuma* Vaney.	— *longicauda* Théel.
Euphronides Scotiæ Vaney.	— — Théel var. *antarctica* Vaney.

CUCUMARIIDÉS.

Cucumaria abyssorum Théel.

Ce tableau montre que la faune des Holothuries abyssales des régions antarctiques est très variée, puisqu'elle comprend dix-huit espèces et deux variétés appartenant à dix genres distincts qui se répartissent dans quatre familles. Elle renferme un grand nombre de représentants d'Elpiidés et de Psychropotidés, deux Synallactidés et une Cucumaridé abyssale. C'est une faune à spécialisation bien marquée dans laquelle se trouvent quatre genres d'Elpiidés et trois genres de Psychropotidés. Dans ces derniers on observe, à côté de trois espèces de *Benthodytes*, une *Euphronides* et trois formes de *Psychropotes*. Ces données ne sont d'ailleurs que partielles, puisqu'elles ne sont le résultat que de quelques dragages dans deux quadrants antarctiques. Il est très probable que les collections du « Gauss » ou de futures explorations antarctiques viendront beaucoup augmenter cette liste.

Si imparfaites qu'elles soient, ces données sont intéressantes en ce qu'elles montrent que la faune abyssale ne présente aucun genre spécial à l'Antarctique et est formée exclusivement de genres dont l'aire de répartition est bien plus étendue.

Certaines de ces espèces antarctiques appartiennent aussi aux régions subantarctiques et même à d'autres régions de plus faible latitude de l'hémisphère austral et parfois de l'hémisphère boréal. Parmi les dix-huit espèces abyssales antarctiques, six, soit le tiers, ne sont pas uniquement cantonnées dans la région antarctique ; ce sont : *Pseudostichopus villosus* (?), *Kolga nana*, *Scotoplanes globosa*, *Psychropotes laticauda*, *Benthodytes sordida* et *Cucumaria abyssorum*. Nous allons les examiner chacune avec quelques détails.

Le *Pseudostichopus villosus* Théel, dont la « Scotia » avait ramené deux exemplaires, l'un du 69° 33′ Sud, l'autre du 67° 33′ Sud, avait été recueilli, lui ou sa variété *violaceus*, par le « Challenger » en une dizaine de stations comprises entre 62° 62′ et 38° 6′ de latitude Sud et entre 2° 56′ et 35° 22′ de latitude Nord, à des profondeurs variant de 1 295 à 2 900 brasses. Quoique Théel signale que les exemplaires de l'hémisphère boréal diffèrent un peu de ceux de l'hémisphère austral par les corpuscules calcaires et la forme des pédicelles, toutes ces données prouvent que le *Pseudostichopus villosus* a une aire de dispersion très grande, dans laquelle se sont peut-être établies quelques variétés géographiques.

Théel a rattaché à la *Cucumaria abyssorum* trois Holothuries dépourvues de sclérites que le « Challenger » avait recueillies par 62° 26′ Sud et 95° 45′ Est à une profondeur de 1 975 brasses. Au cours de ses divers dragages, le « Challenger » avait récolté d'autres exemplaires de cette espèce par 46° 16′ Sud et 48° 27′ Est à 1 600 brasses de profondeur et entre le 33e et le 38e parallèle Sud sous une longitude comprise entre 73° et 94° Est par une profondeur variant de 1 500 à 2 225 brasses. L'« Investigator » a retrouvé cette espèce dans le Pacifique entre le 1° Nord et le 27° Nord à des profondeurs de 905 à 2 232 brasses. La *Cucumaria abyssorum* se répartit donc dans les deux hémisphères ; dans l'hémisphère austral, elle pénètre dans la région antarctique.

Le *Kolga nana* paraît aussi se répartir dans les hémisphères. La forme typique de cette Elpiidé a été trouvée par 1 250 brasses de profondeur dans l'Océan Atlantique nord, près d'Halifax ; tandis que la forme antarctique a été recueillie par 60° 52′ Sud et 80° 20′ Est à 1 260 brasses de profondeur. Vu la grande distance séparant ces deux stations, on doit se demander si ces individus appartiennent bien à la même espèce. Théel n'est pas très affirmatif sur ce point. En tout cas, si elles appartenaient à des espèces distinctes, celles-ci seraient très voisines l'une de l'autre.

Le *Pseudostichopus villosus*, la *Cucumaria abyssorum* et la *Kolga nana* peuvent être considérées comme trois espèces cosmopolites que l'on retrouve dans la faune antarctique. Dans cette faune, on observe trois espèces appartenant seulement à l'hémisphère austral : ce sont le *Benthodytes sordida* Théel, le *Psychropotes laticauda* Vaney et le *Scotoplanes globosa* Théel.

Le *Benthodytes sordida* a été recueilli par le « Challenger » à des profondeurs variant de 2 225 à 1 800 brasses en quatre stations différentes, dont l'une, située à 62° 62′ Sud et 95° 44′ Est, est antarctique. Deux autres stations sont subantarctiques : l'une est à 53° 55′ Sud et 108° 35′ Est et l'autre à 50° 1′ Sud et 123° 4′ Est. Enfin la quatrième se trouve dans l'Océan Pacifique à 34° 7′ Sud et 73° 56′ Ouest.

Le *Psychropotes laticauda* a été recueilli par la « Scotia » en deux stations très éloignées l'une de l'autre. En effet, l'une est antarctique et se trouve à 67° 39′ Sud et 36° 10′ Ouest; l'autre est située dans l'Océan Atlantique à 39° 48′ Sud et 2° 33′ Est. Ces deux exemplaires que j'ai pu comparer sont bien semblables et prouvent que cette espèce a une large aire de répartition.

Je considère que le *Scotoplanes Murrayi* Théel, recueilli par le « Challenger » à 1 260 brasses de profondeur par 60° 52′ latitude Sud, n'est qu'une simple variété à cinq paires de pédicelles de la *Scotoplanes globosa* Théel. Or cette espèce a une extension assez grande dans l'hémisphère austral. En effet, le « Challenger » en a recueilli de nombreux exemplaires, les uns dans la région subantarctique par 53° 55′ Sud et 108° 35′ Est à 1 950 brasses de profondeur, les autres dans le nord de l'Océan Pacifique par 33° 31′ Sud et 74° 43′ Ouest à 2 160 brasses de profondeur. La « Scotia » a retrouvé cette espèce par 39° 48′ Sud et 2° 33′ Est à une profondeur de 2 645 brasses ; mais plusieurs des exemplaires n'avaient que six paires de pédicelles.

Le *Scotoplanes globosa* s'étend donc dans l'hémisphère austral au sud de l'Océan Pacifique et de l'Océan Atlantique dans les régions subantarctiques et antarctiques. Les formes antarctiques et atlantiques paraissent être des variétés de l'espèce type, car elles présentent une réduction dans le nombre des paires de pédicelles.

Si on déduit les espèces abyssales cosmopolites, il reste un ensemble de quinze espèces localisées dans des contrées soit de l'hémisphère austral, soit de l'Antarctique. Des recherches ultérieures pourront seules permettre de vérifier si les espèces considérées actuellement comme exclusivement antarctiques n'offrent pas d'affinités avec certaines espèces de plus faible latitude australe.

2° Région subantarctique. — Les Holothuries abyssales de la région subantarctique nous sont surtout connues par les dragages effectués par le « Challenger » en 1873 et 1874, dont les principaux ont eu lieu à des profondeurs de 1 800 et 1 950 brasses et par 50° 01′ Sud et 123° 04′ Est, et par 53° 55′ Sud et 108° 35′ Est, ou vers l'île Crozet par 550 brasses de profondeur. La *Benthodytes Browni* avait été rapportée par la « Scotia » d'une profondeur de 1 742 brasses par 48° 06′ Sud et 10° 05′ Ouest. Voici la liste des Holothuries subantarctiques abyssales classées par familles :

Synallactidés.

Pseudostichopus villosus Théel.
Synallactes Challengeri (Théel).
Mesothuria Thomsoni (Théel).

Elpidiidés.

Peniagone Challengeri Théel.
— *horrifer* Théel.
— *naresi* Théel.
Scotoplanes globosa Théel.
Scotoplanes robusta Théel.
Elpidia ambigua Théel.
— *purpurea* Théel.

Deimatidés.

Oneirophanta mutabilis Théel.
Lætmogone Wyville-Thomsoni Théel.

Psychropotidés.

Benthodytes sanguinolenta var. *marginata* Théel.
Benthodytes sordida Théel.
— *Browni* Vaney.
Psychropotes longicauda Théel.
Psychropotes longicauda var. *monstrosa* Théel.
Psychropotes longicauda var. *fusco-purpurea* Théel.

Cucumariidés.

Cucumaria abyssorum Théel.

Comme nous l'avons vu précédemment, cinq de ces espèces ou de leurs variétés se retrouvent dans la région antarctique ; ce sont :

Pseudostichopus villosus Théel.
Scotoplanes globosa Théel var. *Murrayi* Vaney.
Benthodytes sordida Théel.
Psychropotes longicauda Théel var. *antarctica* Vaney.
Cucumaria abyssorum Théel.

Elles peuvent même s'étendre dans l'autre sens et atteindre des régions de plus faible latitude.

Les deux Deimatidés : *Lætmogone Wyville-Thomsoni* Théel et *Oneirophanta mutabilis* Théel, de même que le *Benthodytes sanguinolenta* Théel, ont une aire de répartition empiétant sur les deux hémisphères. C'est ainsi que les *Lætmogone Wyville-Thomsoni* typiques ont été récoltés dans l'Océan Pacifique par 23° 42′ Sud et 78° 18′ Ouest à une profondeur de 1 375 brasses. Il en a été aussi recueilli un exemplaire dans la région subantarctique par 50° 01′ Sud et 123° 04′ Est. Il est très probable que les individus provenant de 46° 16′ Sud et 48° 27′ Est par une profondeur de 1 600 brasses ne sont que des variétés de cette espèce. Quant à l'exemplaire incomplet récolté dans l'hémisphère boréal par 35° 11′ Nord et 139° 28′ Est à une profondeur de 345 brasses, Théel dit lui-même qu'il doit sans doute appartenir à une espèce distincte.

L'*Oneirophanta mutabilis* Théel présente encore une plus grande extension. Le « Challenger » en a rapporté des exemplaires de six stations situées entre 22° 21′ Sud et 53° 55′ Sud dans les océans Pacifique, Indien et Atlantique, et de deux autres stations du nord du Pacifique situées à 35° 41′ Nord et 35° 23′ Nord. L' « Albatross » a rapporté cette espèce de localités plus équatoriales du Pacifique, et le « Talisman » l'a retrouvée dans l'Atlantique du 42° au 46° de latitude Nord. Cette espèce offre d'ailleurs de très grandes variations.

Le *Benthodytes sanguinolenta* Théel n'a été trouvé jusqu'à présent que dans le domaine indo-pacifique. Le « Challenger » l'a recueilli sous des latitudes de 34° 7′ Sud et 38° 07′ Sud par des profondeurs de 1 500 et 2 225 brasses. L' « Albatross » en a rapporté vingt-cinq exemplaires de diverses stations comprises entre l'équateur et le 14° 46′ de latitude Nord à des profondeurs variant de 1 067 à 1 879 brasses. L' « Investigator » a retrouvé cette espèce dans l'Océan Indien par 11° 16′ 30″ et 15° 2′ de latitude Nord et à des profondeurs de 669 et 740 brasses. La variété *marginata*, que Théel avait hésité à créer parce que ses différences avec le type sont très faibles, est localisée plus au sud et provient de deux stations, l'une située dans l'Océan Indien par 42° 42′ Sud, l'autre par 50° 1′ Sud et à des profondeurs de 1 800 et 2 600 brasses.

Si nous déduisons de notre liste toutes les espèces dont les limites d'extension dépassent la région subantarctique, nous voyons que le nombre des espèces appartenant exclusivement à cette région se trouve réduit à neuf ; celles-ci paraissent assez localisées, mais elles n'appartiennent à aucun genre spécial à la faune antarctique. Elles semblent avoir de grandes affinités avec des espèces situées dans des régions de plus faible latitude.

On constate de semblables localisations dans la faune abyssale d'autres régions. M. Kœhler et moi, nous en avions signalé une semblable dans la portion équatoriale de l'Océan Indien, lorsque nous avions étudié les Holothuries de mer profonde de l' « Investigator ». Dans ce même Océan, entre le 40° et le 50° de latitude Sud, le « Challenger » a ramené toute une faune assez différente de celle de la région subantarctique, renfermant même d'autres genres, et dont la composition est la suivante :

PSYCHROPOTIDÉS.

Psychropotes Loveni Théel.

ELPIIDÉS.

Elpidia glacialis (?) Théel.
Scotoplanes mollis Théel.
Peniagone atrox Théel.
— *vitrea* Théel.
Peniagone affinis Théel.
Scotoanassa diaphana Théel.
Achlyonice lactea Théel.
Enypniastes eximia Théel.

Quoique certaines espèces de cette dernière faune aient des affinités avec celles des régions plus australes, d'autres se rapprochent de formes plus équatoriales. Les deux genres *Achlyonice* et *Enypniastes*, que l'on ne trouve pas dans les régions antarctique et subantarctique, ont des représentants dans l'hémisphère boréal. En effet, une deuxième espèce d'*Achlyonice*, l'*A. paradoxa*, a été trouvée dans le Pacifique par 35° 41′ Nord, à une profondeur de 2300 brasses, et, en 1910, Kœhler et Vaney ont signalé une autre *Enypniastes*, *E. decipiens*, dans l'Océan Indien, par 11° 26′ 30″ Nord et à une profondeur de 378 brasses.

Nous devons faire une remarque spéciale sur l'*Elpidia glacialis*, dont le « Challenger » avait recueilli un exemplaire dans l'Océan Indien par 42° 42′ Sud et à une profondeur de 2600 brasses. Cette espèce habite surtout l'Océan Arctique et la partie septentrionale de l'Océan Atlantique, où elle n'appartient pas exclusivement à la faune abyssale, puisqu'on la trouve parfois à de faibles profondeurs. Cette espèce ayant une aire de répartition assez restreinte dans l'hémisphère boréal, il est un peu surprenant de la retrouver dans la partie antarctique de l'Océan Indien. Théel indique bien que la forme méridionale du « Challenger » diffère sur divers points de l'espèce type septentrionale, quoique ces différences soient de faible importance. Il serait intéressant de l'étudier à nouveau.

Ludwig a fait justement remarquer que les deux espèces abyssales (*Kolga nana* et *Elpidia glacialis*), qui, d'après les données de Théel, devraient appartenir à la fois aux régions antarctique et arctique, ont une répartition antarctique des plus douteuse. Par suite, au point de vue de la faune abyssale, il ne paraît exister aucune espèce bipolaire.

Il n'y aurait pas non plus de genre spécial aux régions antarctiques. Quelques espèces antarctiques et subantarctiques ont une aire de répartition plus ou moins restreinte ; elles montrent parfois une localisation bien marquée, qui ne pourra être affirmée que lorsque de nouvelles explorations auront été faites.

HOLOTHURIES LITTORALES

1° Région antarctique. — Les Holothuries littorales antarctiques nous sont surtout connues d'après l'étude des collections rapportées par la « Southern Cross », la « Belgica », le « Français », la « Scotia », la « Discovery » et le « Pourquoi Pas ? », ainsi que par l'exploration des Orcades du Sud.

La « Southern Cross » et la « Discovery », qui ont surtout pénétré dans le quadrant australien ou de Victoria, n'ont rapporté qu'un petit nombre d'Holothuries imparfaitement connues. Dans la collection de la « Southern Cross », Bell (1913) signale : *Cucumaria crocea* (Lesson), provenant de l'île Franklin, une *Thyone* et une *Holothuria*. Cette dernière aurait été intéressante à décrire complètement, car on ne connaît pas d'autre représentant de ce genre dans les régions antarctiques. Comme Holothuries de la « Discovery », Bell (1908) indique : une Synallactidé : la *Mesothuria Magellani* Ludwig ; — quatre Cucumariidés : *Cucumaria crocea* (Lesson), *Cucumaria lævigata* Verrill, un nouveau *Pseudopsolus*, *Ps. Ferrari*, et un petit exemplaire non déterminable d'une *Thyone* ; — une Synaptidé appartenant au genre *Chiridota* et se rattachant à la *Ch. Pisanii* ou à une forme voisine.

Le *Pseudopsolus Ferrari* représente une deuxième espèce de ce genre établi par Ludwig en prenant comme type le *Ps. macquariensis* (Dendy) de l'île Macquarie. Le genre *Pseudopsolus* s'observe ainsi en deux stations du quadrant australien : l'une située à 77° 51′ Sud et 166° 45′ Est, et l'autre à 54° 30′ Sud et 158° 30′ Est.

Les documents que nous possédons sur les Holothuries du quadrant australien de l'Antarctique, quoique très restreints, sont intéressants, puisqu'ils nous montrent l'existence d'une nouvelle forme de ce genre spécial, désigné sous le nom de *Pseudopsolus* et connu à l'heure présente uniquement dans les régions antarctique et subantarctique de ce quadrant, ainsi que la présence de la *Cucumaria crocea* et de la *C. lævigata*, que nous retrouverons dans d'autres provinces de l'Antarctique. Si nos données sur les Holothuries de cette partie de l'Antarctique sont encore bien sommaires, il n'en est plus de même du quadrant de Weddell ou américain par suite des collections rapportées par la « Belgica », le « Français », la « Scotia » et le « Pourquoi Pas ? ».

La liste des Holothuries littorales actuellement connues dans l'Antarctique est la suivante :

HOLOTHURIIDÉS.

Holothuria sp. ? Bell.

SYNALLACTIDÉS.

Mesothuria bifurcata Hérouard.
— *Magellani* Ludwig.
Synallactes Carthagei Vaney.
Synallactes (?) *Gourdoni* Vaney.
Bathyplotes Bongraini Vaney.

ELPIDIIDÉS.

Peniagone Vignoni Hérouard.
Rhipidothuria Racovitzai Hérouard.

CUCUMARIIDÉS.

Cucumaria analis Vaney.
— *antarctica* Vaney.
— *aspera* Vaney.
— *attenuata* Vaney.
— *conspicua* Vaney.
— *crocea* (Lesson).
Cucumaria Godfroyi Vaney.
— *grandis* Vaney.
— *irregularis* Vaney.
— *Joubini* Vaney.
— *lateralis* Vaney.
— *Liouvillei* Vaney.

Cucumaria lævigata Verrill.	*Pseudopsolus Ferrari* Bell.
— *perfida* Vaney.	*Psolidium (Cucumaria) Coatsi* Vaney.
— *periprocta* Vaney.	— *Gaini* Vaney.
— *psolidiformis* Vaney.	*Psolus antarcticus* (Philippi).
— *secunda* Vaney.	— *Belgicæ* Hérouard.
— *Turqueti* Vaney.	— *Charcoti* Vaney.
Thyone Scotiæ Vaney.	— *granulosus* Vaney.
— *turricata* Vaney.	— *Kœhleri* Vaney.

MOLPADIIDÉS.

Molpadia (Trochostoma) antarctica Théel.

SYNAPTIDÉS.

Tæniogyrus (Chiridota) contortus (Ludwig). | *Chiridota Pisanii* (?).

La faune des Holothuries antarctiques littorales comprend donc 28 Cucumariidés, 5 Synallactidés, 2 Elpiidés, 2 Synaptidés, 1 Molpadiidé et 1 Holothuriidé. Elle possède, par suite, des représentants de la plupart des familles d'Holothuries ordinairement littorales, auxquels on doit ajouter des Elpiidés et même certaines Synallactidés qui appartiennent, en général, à la faune abyssale. La « Belgica » a recueilli d'ailleurs des larves d'Élasipodes à 100 mètres de profondeur par 69° 55′ latitude Sud et 82° 36′ longitude Ouest.

Dans cette faune littorale, il y a prépondérance très marquée des Cucumariidés, tandis que les Holothuriidés ont une importance presque nulle dans le quadrant australien et n'ont pas été trouvées dans le quadrant américain. Les Molpadiidés et les Synaptidés paraissent aussi avoir un développement très restreint.

Parmi les Cucumariidés, nous observons 20 Cucumariinés, se décomposant en 18 *Cucumaria* et 2 *Thyone*, et 8 Psolinés, comprenant 1 *Pseudopsolus*, 2 *Psolidium* et 5 *Psolus* (1). Il se peut que des études ultérieures, basées sur l'examen d'un grand nombre d'exemplaires, viennent montrer que certaines de ces espèces présentent un polymorphisme comparable à celui déjà observé chez quelques formes subantarctiques. Malgré cette éventualité, le nombre des Cucumariidés franchement antarctiques restera toujours très important. Parmi les *Cucumaria*, trois espèces ont une

(1) Peut-être devrait-on y ajouter les quelques formes, probablement nouvelles, signalées dans différentes collections, mais dont le mauvais état de conservation n'avait pas permis d'en faire une diagnose spécifique précise.

ébauche de sole ventrale caractérisée par des différenciations des pédicelles du trivium ; ce sont : *C. Joubini*, *C. conspicua* et *C. psolidiformis*. Ce caractère les rapproche des vraies Psolinés, et le *Psolidium Coatsi* paraît être un type intermédiaire entre les Cucumariinés et les Psolinés. *Cucumaria crocea* présente aussi une différenciation bien nette entre le bivium et le trivium. De telle sorte que toutes ces *Cucumaria*, s'ajoutant aux Psolinés décrites, montrent qu'une douzaine des Cucumariidés antarctiques actuellement connues ont le trivium plus ou moins nettement différencié en une sole de reptation.

De plus, nous observons que sept de ces Cucumariidés sont incubatrices. Ce sont les *Cucumaria lævigata*, *C. lateralis*, *C. Joubini* et *C. crocea*, et les *Psolus antarcticus*, *Ps. granulosus* et *Ps. Kœhleri*. Les modes d'incubation de ces différentes espèces sont des plus variés : les *Psolus antarcticus* et *Ps. granulosus* incubent leurs jeunes sous leur sole ventrale, tandis que les autres espèces ont des poches incubatrices.

A ces Cucumariidés incubatrices s'ajoute le *Tæniogyrus contortus*, espèce de Synapte dont les œufs se développent à l'intérieur du conduit génital, transformé en utérus.

Or la formation d'une sole ventrale et l'incubation des œufs sont considérées chez les Holothuries comme des acquisitions secondaires.

La faune littorale antarctique est donc composée en majeure partie de formes spécialisées. En effet, elle renferme des Cucumariidés riches en Psolinés et en espèces incubatrices; elle possède des Synallactidés et des Elpiidés, c'est-à-dire des Aspidochirotes adaptés secondairement à la vie abyssale, et elle est presque complètement dépourvue d'Holothuriidés. La présence de Molpadiidés et de Synaptidés ne fait qu'accentuer cette spécialisation de la faune.

Toutes ces données prouvent bien que l'ensemble des Holothuries littorales antarctiques ne présente pas les caractères d'une faune primitive, car il renferme trop de formes bien spécialisées. La spécialisation de certaines espèces, comme les Psolinés par exemple, paraît être le résultat d'une adaptation relativement récente.

La répartition des différentes Holothuries composant la faune antarctique littorale indique des localisations bien marquées et une grande richesse en espèces. C'est ainsi que, dans les Orcades du Sud, on a recueilli un grand nombre de Cucumariidés. Mais nos documents sur les Holothuries sont encore trop insuffisants pour permettre l'établissement de provinces zoologiques à espèces particulières.

Cette faune littorale antarctique a des relations avec celle de régions de plus faible latitude. Nous y trouvons les six espèces suivantes, qui sont communes à la région antarctique et à la région subantarctique :

Mesothuria Magellani.	*Psolus antarcticus.*
Cucumaria crocea.	*Molpadia (Trochostoma) antarctica.*
— *lævigata.*	*Tæniogyrus contortus.*

auxquelles il faut peut-être ajouter le *Chiridota Pisanii.*

Les *Cucumaria crocea* et *C. lævigata* sont des espèces que la « Discovery » a trouvées dans la portion antarctique du quadrant australien. La *C. crocea* a été aussi recueillie dans le quadrant américain, aussi bien dans sa portion antarctique que subantarctique; la *C. lævigata* existe dans la région subantarctique de ce même quadrant.

2° Région subantarctique. — Dans leurs importants mémoires sur les Holothuries antarctiques, Ludwig (1898) et Rémy Perrier (1905) ont fait surtout une étude analytique des formes littorales, dont quelques-unes sont bien nettement antarctiques, mais dont la plupart sont plutôt subantarctiques. Ludwig a dressé pour chaque famille la liste des espèces antarctiques, et il a discuté assez longuement l'aire de répartition de chacune de ces formes. Cependant nous n'admettrons pas intégralement ces listes pour plusieurs raisons. D'abord parce que ce savant limite cette région au 40° de latitude Sud et par suite y englobe la Nouvelle-Zélande; or cette contrée possède des espèces bien particulières, qui n'ont que de faibles relations avec les formes subantarctiques. Ensuite nous tiendrons compte des justes rectifications synonymiques établies par Lyman Clark (1907) dans sa revision si complète des Holothuries apodes. Enfin il est nécessaire de compléter ces listes par l'addition de nouvelles espèces décrites depuis l'époque d'apparition du mémoire de Ludwig.

Après ces diverses modifications, la liste des Holothuries littorales subantarctiques actuellement connues est la suivante :

Holothuriidés.

Stichopus fuscus Ludwig.	*Stichopus patagonicus* R. Perrier.

Synallactidés.

Pseudostichopus mollis Théel.	*Mesothuria Magellani* Ludwig.
Synallactes Moseleyi (Théel).	

Cucumariidés.

Cucumaria armata Vaney.	*Cucumaria tabulifera* R. Perrier.
— *brevidentis* (Hutton).	*Thyone Lechleri* Lampert.
— — var. *carnleyensis* Dendy.	— *muricata* Studer.
	— *spectabilis* Ludwig.
— *chiloensis* Ludwig.	*Pseudopsolus macquariensis* (Dendy).
— *crocea* (Lesson).	*Psolidium convergens* (Hérouard).
— *croceoïda* Vaney.	— *dorsipes* Ludwig.
— *georgiana* Lampert.	*Theelia disciformis* (Théel).
— *lævigata* Verrill.	— *incerta* (Théel).
— *leonina* Semper.	— *porifera* (Studer).
— *parva* Ludwig.	*Psolus antarcticus* (Philippi).
— *Steineni* Ludwig.	— *ephippifer* Wyville-Thomson.
— *squamata* Ludwig.	— *segregatus* Vaney.

Molpadiidés.

Molpadia (Ankyroderma) musculus Risso.	*Caudina pigmentosa* R. Perrier.
— (*Trochostoma*) *antarctica* (Théel).	— *planapertura* Lyman Clark.
Caudina chilensis J. Müller.	

Synaptidés.

Tæniogyrus (*Chiridota*) *contortus* (Ludwig).	*Chiridota Benhami* Dendy.
Chiridota Marenzelleri R. Perrier.	*Trochodota purpurea* Lesson.
— *Pisanii* Ludwig.	*Anapta fallax* Lampert.

La faune subantarctique littorale diffère de la faune antarctique sur plusieurs points. Elle ne renferme plus d'Elpiidés littorales; elle contient quelques Synallactidés, mais dont le nombre d'espèces est plus faible que dans la faune littorale antarctique; une de ces formes se rapporte au genre *Pseudostichopus*, qui existe aussi dans la région antarctique, mais seulement dans la faune abyssale. Les Holothuriidés sont représentées par deux *Stichopus*. Le nombre des genres et des espèces de Molpadiidés et de Synaptidés est plus grand que dans l'Antarctique; dans ces familles, à côté des genres déjà signalés dans la région polaire australe, de nouveaux genres font leur apparition, ainsi les genres : *Caudina*, *Trochodota* et *Anapta*.

Malgré ces quelques différences, la plus grande partie de la faune littorale subantarctique, tout comme nous l'avons constaté pour l'Antarctide, est composée de Cucumariidés. Ces Cucumariidés comprennent 24 espèces se répartissant de la façon suivante :

12 espèces de *Cucumaria*.	2 espèces de *Psolidium*.
3 — — *Thyone*.	3 — — *Theelia*.
1 — — *Pseudopsolus*.	3 — — *Psolus*.

Sur ces 24 espèces, 9 appartiennent aux Psolinés, c'est-à-dire à des Cucumariidés ayant nettement une sole ventrale. Cette proportion est sensiblement la même que celle que nous avons signalée dans la région antarctique, surtout en tenant compte des *Cucumaria* à ébauche de sole ventrale. Pourtant, dans la région antarctique, le nombre des véritables *Psolus* est plus grand, puisqu'on en compte 5 espèces.

Les Holothuries littorales subantarctiques renferment les cinq espèces incubatrices suivantes : *Cucumaria crocea*, *C. lævigata*, *C. parva*, *Psolus ephippifer* et *Tæniogyrus contortus*. Deux de celles-ci ne se retrouvent pas comme les autres dans la région antarctique, ce sont : *Cucumaria parva*, qui possède des poches incubatrices, et *Ps. ephippifer*, qui porte sa ponte sur le dos entre des plaques modifiées du test.

La présence d'Holothuries incubatrices et de nombreuses espèces de Cucumariidés à sole ventrale bien différenciée caractérise nettement les faunes littorales antarctique et subantarctique.

Examinons maintenant la répartition de quelques-unes des espèces subantarctiques.

Nous avons déjà signalé 6 espèces qui sont communes à la région antarctique et à la région subantarctique.

La *Molpadia musculus* est une forme presque cosmopolite que l'on rencontre dans l'Atlantique, la Méditerranée, le Pacifique et l'Océan Indien, et qui n'est absente que dans l'Océan Arctique et dans le nord du Pacifique.

La *Molpadia antarctica* se trouve non seulement dans l'Antarctique, mais encore sur les côtes méridionales du Chili, et elle a été signalée jusque dans le golfe du Mexique.

Le *Tæniogyrus contortus*, déjà observé dans l'Antarctique, se retrouve dans la région qui s'étend de l'île Kerguelen au détroit de Magellan, à travers les portions australes de l'Océan Indien et de l'Atlantique.

La *Cucumaria leonina* a aussi une aire de répartition très étendue qui comprend les côtes du Pérou et du Chili, contourne ensuite l'extrémité australe de l'Amérique, atteint au sud les îles Falkland, puis remonte au Nord en suivant la côte orientale de l'Amérique du Sud jusqu'au 32° de latitude Sud. Cette espèce se retrouve aux îles Auckland, situées dans le quadrant australien. Une autre *Cucumaria*, la *C. brevidentis*, appartient aussi au sud de l'Amérique et au quadrant australien; dans ce dernier on la trouve aux îles Auckland et en Nouvelle-Zélande.

La *Chiridota Pisanii* et l'*Anapta fallax* ont une aire de répartition plus restreinte; elles se trouvent sur les côtes orientales et occidentales de la pointe australe de l'Amérique du Sud et près des îles avoisinantes.

En dehors des différentes espèces qui sont ou cosmopolites, ou se répartissent dans des régions plus ou moins étendues de l'hémisphère austral, pouvons-nous grouper les autres Holothuries littorales subantarctiques suivant des provinces bien définies?

Ludwig avait distribué les Cucumariidés antarctiques dans quatre provinces qu'il désignait sous les noms de province magellane, province sud-géorgienne, province kerguéléenne et province néo-zélandaise. Nous avons déjà fait remarquer que la Nouvelle-Zélande est en dehors des limites que nous avons assignées aux régions subantarctiques et possède une faune d'Holothuries bien spéciale, dont deux espèces seulement appartiennent à la faune subantarctique. Il nous paraît logique de ne pas parler ici de province néo-zélandaise pour la faune subantarctique, puisque nous ne comprenons pas la Nouvelle-Zélande dans cette région. Cependant, dans le quadrant australien, les îles Auckland et Macquarie ont une situation plus australe que la Nouvelle-Zélande et appartiennent bien aux régions subantarctiques. Leur faune, comme nous le verrons, est spéciale et se rattache, d'une part, à la faune antarctique et, d'autre part, à celle de la Nouvelle-Zélande.

Quant à la province géorgienne, elle a de trop grandes affinités avec la province magellane pour que nous l'en séparions. De telle sorte que nous répartirons les Holothuries littorales subantarctiques seulement dans deux grandes provinces : la province magellane et la province kerguéléenne.

Dans la province magellane se trouvent concentrées la majorité des espèces subantarctiques actuellement connues. Nous y trouvons :

HOLOTHURIIDÉS.

Stichopus fuscus.	*Stichopus patagonicus.*

SYNALLACTIDÉS.

Pseudostichopus mollis.	*Mesothuria Magellani.*
Synallactes Moseleyi.	

CUCUMARIIDÉS.

Cucumaria armata.	*Cucumaria tabulifera.*
— *chiloensis.*	*Thyone Lechleri.*
— *crocea.*	— *spectabilis.*
— *croceoida.*	*Psolidium dorsipes.*
— *georgiana.*	— *convergens.*
— *leonina.*	*Theelia disciformis.*
— *lævigata.*	*Psolus antarcticus.*
— *parva.*	— *segregatus.*
— *Steineni.*	

MOLPADIIDÉS.

Caudina chilensis.	*Caudina planapertura.*
Caudina pigmentosa.	

SYNAPTIDÉS.

Chiridota Pisanii.	*Trochodota purpurea.*
— *Marenzelleri.*	*Anapta fallax.*
Tæniogyrus contortus.	

Nous observons, dans cette province, des localisations, car certaines espèces ne se trouvent que sur la côte orientale, tandis que d'autres n'ont été recueillies que sur la côte occidentale de l'Amérique du Sud.

La faune des îles Falkland est presque semblable à celle de l'extrémité sud de l'Amérique, car on y trouve :

Cucumaria armata.	*Psolidium convergens.*
— *leonina.*	*Psolus antarcticus.*
— *lævigata.*	*Tæniogyrus contortus.*
— *parva.*	*Trochodota purpurea.*
Psolidium dorsipes.	*Anapta fallax.*

Sur le banc de Burdwood, situé à 54° 25′ Sud, la « Scotia » a recueilli :

Cucumaria lævigata.	*Cucumaria croceoïda.*

La *Cucumaria georgiana* est spéciale à la Géorgie du Sud, qui possède encore : *Cucumaria Steineni*, *C. lævigata*, *Thyone muricata* et *Tæniogyrus contortus*.

La province kerguéléenne, située dans le quadrant africain, comprend les îles Kerguelen, Marion, Crozet, Prince-Édouard ; elle est beaucoup moins riche en Holothuries que la province magellane, car elle ne renferme que :

Cucumaria lævigata.	*Theelia incerta.*
— *parva.*	— *porifera.*
— *squamata.*	*Psolus ephippifer.*
Thyone muricata.	*Tæniogyrus contortus.*

parmi lesquelles quatre sont incubatrices.

Dans la région subantarctique du quadrant australien, nous connaissons actuellement : le *Pseudopsolus macquariensis*, localisé dans l'île Macquarie ; les *Cucumaria brevidentis* var. *carnleyentis* Dendy ; *Cucumaria leonina*, et la *Chiridota Benhami*. Ces trois dernières espèces ont été recueillies aux îles Auckland.

L'examen de ces différentes répartitions nous amène aux remarques suivantes :

La *Cucumaria leonina* et la *C. brevidentis* se trouvent à la fois dans le quadrant américain et dans le quadrant australien.

Les *Cucumaria lævigata* et *C. parva*, ainsi que le *Tæniogyrus contortus*, appartiennent aux quadrants américain et africain.

La faune de Kerguelen se rattache à la faune australienne par *Theelia porifera*.

L'île Macquarie et la Terre de Victoria possèdent chacune une espèce particulière de *Pseudopsolus*, genre qui paraît localisé dans les portions antarctiques et subantarctiques du quadrant australien.

Les îles Auckland ont une faune qui se rattache à celle de la Nouvelle-Zélande par deux espèces : la *Cucumaria brevidentis* et la *Chiridota Benhami*.

A la suite des travaux d'Hutton, de Dendy (1909), de Rémy Perrier (1905) et de Dendy et Hindle (1907), nous connaissons maintenant les Holothuries de la Nouvelle-Zélande. Dendy et Hindle ont même fait la critique des documents antérieurs et ont établi avec raison certaines synonymies.

La faune néo-zélandaise est bien spéciale et se sépare nettement de celle des régions subantarctiques; c'est ce dont on se rendra bien compte par l'examen de la liste suivante des espèces d'Holothuries de cette province :

HOLOTHURIIDÉS.

Holothuria difficilis Semper.
Stichopus mollis Hutton.
Stichopus simulans Dendy et Hindle.

CUCUMARIIDÉS.

Cucumaria alba Hutton.
— *brevidentis* Hutton.
— *Huttoni* Dendy.
— *ocnoïdes* Dendy.
Phyllophorus dearmatus Dendy et Hindle.
— *longidentis* Hutton.
Pseudocucumis bicolumnatus Dendy et Hindle.

SYNAPTIDÉS.

Rhabdomolgus Novæ-Zealandiæ Dendy et Hindle.
Chiridota Benhami Dendy.
Chiridota dunedinensis (Parker).
— *geminifera* Dendy et Hindle.
— *gigas* Dendy et Hindle.

MOLPADIIDÉS.

Caudina coriacea Hutton.

Si, avec Dendy, on range le genre *Rhabdomolgus* parmi les Chiridotinés, la Nouvelle-Zélande présenterait cinq espèces de cette sous-famille. La *Cucumaria brevidentis*, qui est synonyme de *C. calcarea*, est un intermédiaire entre le genre *Cucumaria* et le genre *Colochirus*, qui appartient aux régions plus tropicales.

A part quelques espèces communes avec les régions subantarctiques ou avec des contrées de plus faible latitude, la plupart de ces formes ne se trouvent qu'en Nouvelle-Zélande et caractérisent bien une province spéciale dont Ludwig avait déjà signalé les principales particularités.

En résumé, les Holothuries des régions antarctiques et subantarctiques paraissent constituer une faune déjà assez fortement spécialisée, surtout si l'on examine les formes littorales riches en Psolinés et en espèces incubatrices. Elles ne montrent nullement que les formes antarctiques soient des reliquats de faune primitive; il semble plus probable qu'elles sont d'introduction relativement récente et qu'elles se sont établies, au moins pour les Holothuries, après la différenciation de certaines familles et sous-familles, comme celles des Synallactidés et des Psolinés.

Dans un précédent mémoire (1907), nous avions démontré que la forme antarctique rapportée par Rémy Perrier au *Psolus squamatus* et qui lui avait permis de considérer cette espèce comme bipolaire, était en réalité bien distincte de la forme boréale et devait constituer une nouvelle espèce, le *Psolus segregatus*. L'examen des collections rapportées par les nouvelles expéditions antarctiques est venu corroborer notre opinion, car elles n'ont fourni aucun exemple d'Holothurie bipolaire.

L'étude des Holothuries, qui avait paru tout d'abord venir confirmer la théorie de la bipolarité, ne fournit, en vérité, aucun argument en faveur de cette hypothèse.

Lyon, le 1er novembre 1913.

INDEX BIBLIOGRAPHIQUE [1]

1902. BELL (J.). — Echinoderma (in *Report on the collections of Natural History... of the « Southern Cross »*).

1908. BELL (J.). — Echinoderma (*National antarctic Expedition. Natural History*, vol. IV, p. 2).

1907. CLARK (HUBERT-LYMAN). — The Apodous Holothurians (*A Monograph of the Synaptidæ and Molpadiidæ*).

1907. DENDY (A.) et HINDLE (E.). — Some additions to our knowledge of the New Zealand Holothurians (*Journ. Linnean Society*, Zoology, vol. XXX, p. 95).

1909. DENDY (A.). — On a small collection of Holothurians from the Auckland Islands; Subantarctic Islands of New Zealand, Wellington.

1906. HÉROUARD (E.). — Holothuries. Expédition antarctique belge (*Résultat du voyage du S. Y. « Belgica » en 1897-1898-1899*).

1912. KOEHLER (R.). Échinodermes (Astéries, Ophiures et Échinides) (*Deuxième Expédition antarctique française. 1908-1910*).

1905. KOEHLER (R.) et VANEY (C.). — Holothuries recueillies par l'« Investigator » dans l'océan Indien : I. Les Holothuries de mer profonde, Calcutta.

1886. LAMPERT (K.). — Die Holothurien von Süd-Georgien nach der Ausbeute der deutschen Polarstation in 1882 und 1883, Hamburg.

1889. LAMPERT (K.). — Die wahrend der Expedition S. M. S. « Gazelle » 1872-1874 von Pr Dr Th. Studer gesammelten Holothurien (*Zool. Jarbüch. Abth. f. System*, Bd. XV, 1889, p. 806).

1898. LUDWIG (H.). — Holothurien (*Hamburger Magalhaensische Sammelreise*, Hambourg).

1908. MAC BRIDE (E.). et SIMPSON (J.-C.). — Echinoderma. — II. Echinoderma larvæ. *National antarctic Expedition. Natural History*, vol. IV, Zoology, p. 5.

1903. PELSENEER (P.). — Mollusques (Amphineures, Gastropodes et Lamellibranches). Expédition antarctique belge. *Résultats du voyage de S. Y. « Belgica »*.

1905. PERRIER (RÉMY). — Holothuries antarctiques du Muséum d'Histoire naturelle de Paris (*Annales Sciences naturelles*. Zoologie (9), t. I).

1879. STUDER (TH.). — Die Fauna von Kerguelenland (*Archiv f. Naturgesch.*, 45 Jahrg., p. 104).

1882-86. THÉEL (HJ.). — Report on the Holothurioidea.

Part. I. In : *Report on the scientific Results of the voyage of H. M. S. « Challenger »*, Zoology, vol. IV, Part. XIII, Londres, 1882.

Part. II, In : *Report on the scientific Results of the voyage of H. M. S. « Challenger »*, Zoology, vol. XIV, Part. XXXIX, Londres, 1886.

1906. VANEY (C.). — Deux nouvelles Holothuries du genre Thyone provenant des Orcades du Sud (*Bull. Mus. d'hist. nat.*, Paris, 1906, p. 400).

1907. VANEY (C.). — Holothuries (*Expédition antarctique française, 1903-1905*).

(1) Pour la bibliographie antérieure à 1898 sur les Holothuries antarctiques, consulter le mémoire de H. LUDWIG, Holothurien (*Hamburger Magalhaensische Sammelreise*, Hamburg, 1898).

1908. Vaney (C.). — Les Holothuries recueillies par l'Expédition antarctique écossaise (*Zool. Anz.*, Bd. XXXIII).

1908. Vaney (C.). — Les Holothuries de l'Expédition antarctique écossaise (*Transactions of the Royal Society of Edinburgh*, vol. XLVI, Part. II).

Les deux mémoires suivants donnent des descriptions de larves et de formes jeunes d'Holothuries antarctiques.

1912. Mac Bride (E.). — Echinoderma. — III. On a small of young Holothurioids. *National antarctic Expedition. Natural History*, vol. VI, Zoology and Botany.

1913. Mortensen (Th.). — Die Echinodermenlarven der deutschen Südpolar-Expedition 1901-1903. Deutsche Südpolar-Expedition 1901-1903, Bd. XIV, Zoologie, Bd. VI.

EXPLICATION DES PLANCHES

PLANCHE I

Fig. 1. — *Cucumaria Joubini* nov. sp. avec ses poches incubatrices remplies d'œufs en voie de développement. Gr. : 1,5.
Fig. 2. — *Psolus Kœhleri* nov. sp.; face ventrale. Gr. : 1,5.
Fig. 3. — *Cucumaria Joubini*. Gr. : 1,5.
Fig. 4. — *Bathyplotes Bongraini* nov. sp.; face ventrale. Réd. : 3/4.
Fig. 5. — *Psolus Kœhleri*; vue latérale. Gr. : 1,5.
Fig. 6. — — rétracté et présentant cinq poches incubatrices remplies de jeunes. Gr. : 1,5.
Fig. 7. — *Psolidium Gaini* nov. sp.; anneau calcaire. Gr. : 5.
Fig. 8. — — vu de côté et montrant la face ventrale. Gr. : 2 environ.
Fig. 9. — — vue latérale. Gr. : 2 environ.
Fig. 10. — *Cucumaria Joubini*; anneau calcaire. Gr. : 5.

PLANCHE II

Fig. 1. — *Synallactes* (?) *Gourdoni* nov. sp.; base d'un corpuscule de la paroi du corps avec bras ramifiés. Gr. : 250.
Fig. 2 et 3. — *Synallactes* (?) *Gourdoni* nov. sp.; corpuscules des papilles de la collerette. Gr. : 250.
Fig. 4. — *Bathyplotes Bongraini* nov. sp.; base d'un corpuscule de la région dorsale du corps. Gr. : 400.
Fig. 5. — *Synallactes Gourdoni*; base d'un corpuscule de la paroi du corps. Gr. : 400.
Fig. 6. — — tourelle d'un corpuscule de la paroi du corps. Gr. : 400.
Fig. 7. — *Bathyplotes Bongraini*; corpuscule des pédicelles ventraux de la sole. Gr. : 400.
Fig. 8. — — tourelle d'un corpuscule de la paroi dorsale. Gr. : 400.
Fig. 9. — — tourelle d'un corpuscule de la paroi de la sole. Gr. : 400.
Fig. 10. — *Cucumaria grandis* Vaney; corpuscule à spatule ramifiée. Gr. : 250.
Fig. 11 et 12. — *Bathyplotes Bongraini*; corpuscules des pédicelles ventraux de la sole. Gr. : 400.

PLANCHE III

Fig. 1. — *Cucumaria Liouvillei* nov. sp.; corpuscule de la paroi du corps. Gr. : 250.
Fig. 2. — — — corpuscule des pédicelles. Gr. 250.
Fig. 3. — — — corpuscule de la paroi du corps. Gr. : 250.
Fig. 4. — *Cucumaria Joubini* nov. sp.: corpuscule de la base des pédicelles. Gr. : 400.
Fig. 5. — — — corpuscule des tentacules. Gr. : 250.
Fig. 6 et 7. — — — corpuscules de la paroi du corps. Gr. : 250 et 400.

Fig. 8 et 9. — *Cucumaria Joubini* nov. sp. corpuscules des tentacules. Gr. : 250.
Fig. 10. — — — corpuscule de la base des pédicelles. Gr. : 400.
Fig. 11. — — — corpuscule de la paroi du corps. Gr. : 400.

PLANCHE IV

Fig. 1 et 2. — *Cucumaria Godfroyi* nov. sp. ; corpuscules de la paroi du corps. Gr. : 250.
Fig. 3, 4 et 5. — — — nov. sp. ; corpuscules des pédicelles. Gr. : 250.
Fig. 6. — *Psolidium Gaini* nov. sp. ; corpuscule de la paroi de la sole. Gr. : 250.
Fig. 7. — — — plaque de la paroi du corps : Gr. : 100.
Fig. 8. — — — corpuscule superficiel en forme de corbeille. Gr. : 250.
Fig. 9. — — — corpuscule de la paroi de la sole. Gr. : 250.
Fig. 10. — — — plaque terminale des pédicelles dorsaux. Gr. : 400.
Fig. 11 et 12. — — — corpuscules des pédicelles latéro-ventraux de la sole. Gr. : 400.
Fig. 13. — — — corpuscule de la paroi de la sole. Gr. : 250.
Fig. 14. — — — corpuscule des pédicelles dorsaux. Gr. : 250.

PLANCHE V

Fig. 1. — *Psolus Kœhleri* nov. sp. ; plaque calcaire de la sole. Gr. : 400.
Fig. 2. — — — corpuscule en coupe vu de côté. Gr. : 400.
Fig. 3. — — — corpuscule en coupe de la sole. Gr. : 400.
Fig. 4. — — — corpuscule des pédicelles latéraux de la sole. Gr. : 400.
Fig. 5. — — — corpuscule en coupe de la sole. Gr. : 400.
Fig. 6 et 7. — — — coupes superficielles des parois latérales du corps. Gr. : 400.
Fig. 8 et 9. — — — corpuscules des pédicelles latéraux de la sole. Gr. : 400.
Fig. 10. — — — anneau calcaire. Gr. : 5 environ.
Fig. 11. — *Psolus Charcoti* Vaney ; anneau calcaire. Gr. : 5 environ.
Fig. 12, *a*, *b*, *c*, *d*, *e*. — — corpuscules des pédicelles. Gr. : 400.
Fig. 13, 14, 15, 16 et 17. — — corpuscules des parois latéro-dorsales du corps. Gr. : 400.

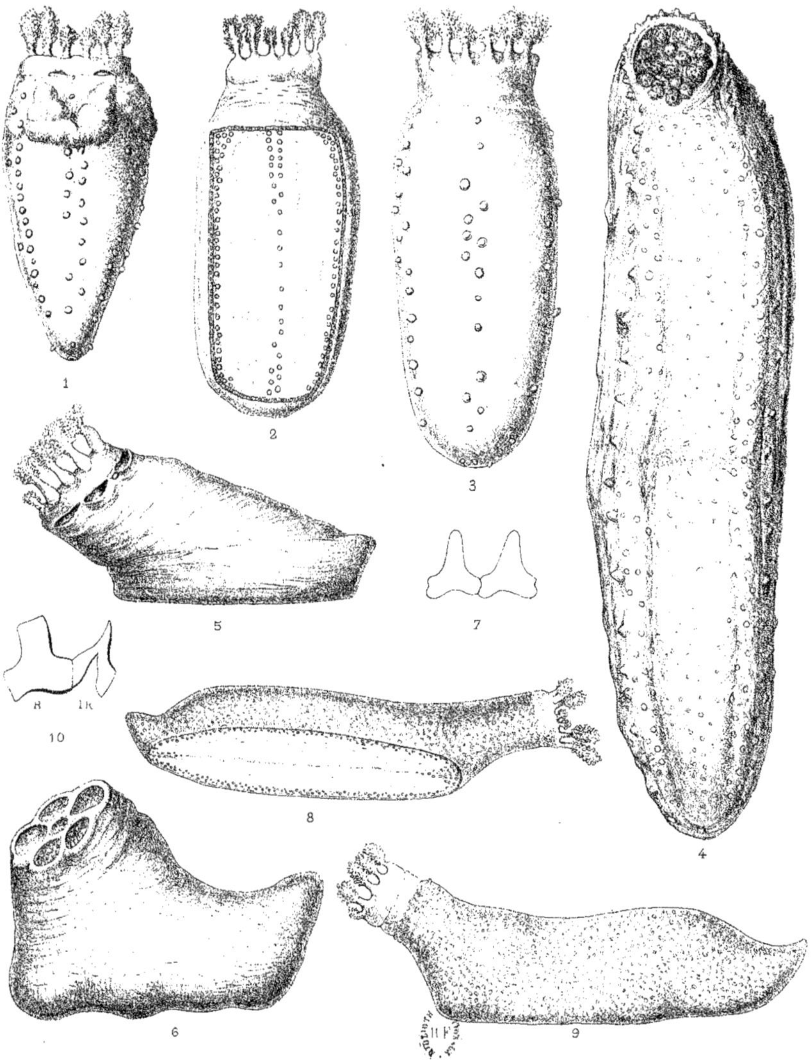

1 2 3 4

5 7

8 1R

10

8

6 9

C. Vaney. del. *Imp. L. Lafontaine Paris* Reignier. lith.

Holothuries

Masson & Cie, éditeurs.

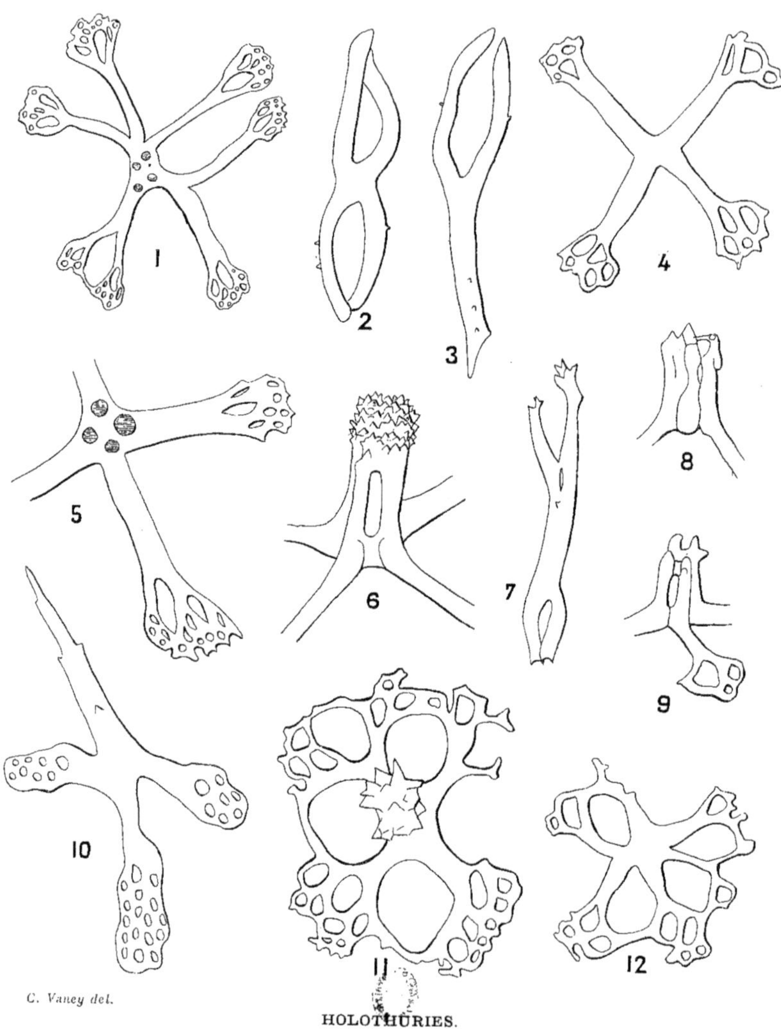

C. Vaney del.

HOLOTHURIES.

Masson et Cie, éditeurs.

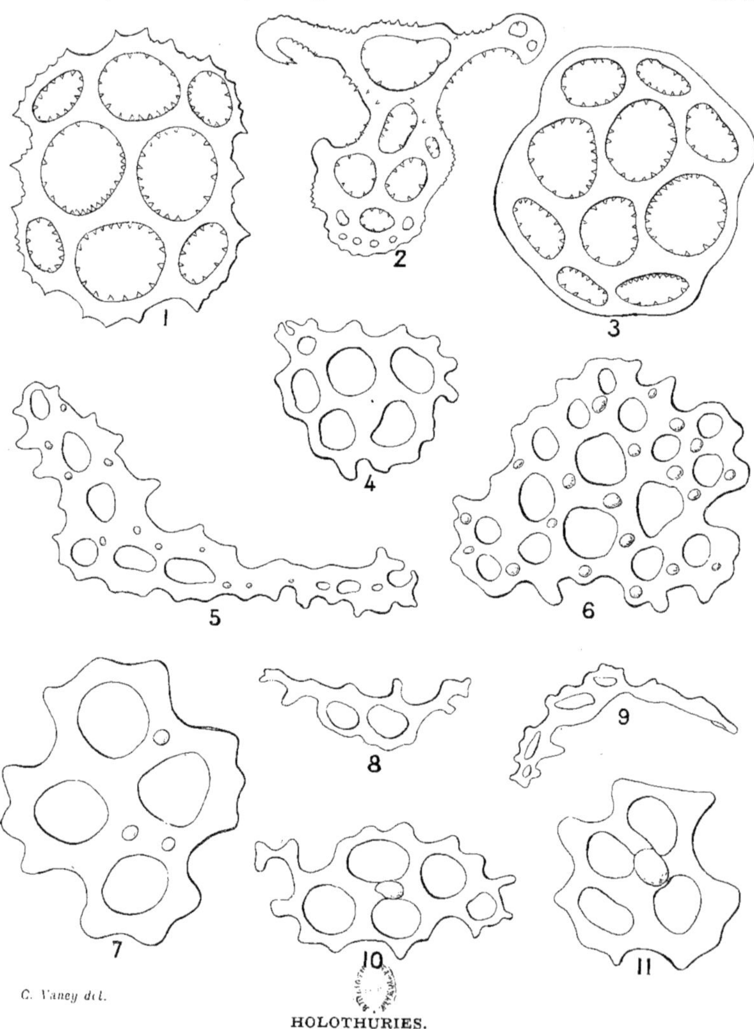

C. Vaney del.

HOLOTHURIES.

Masson et Cie, éditeurs.

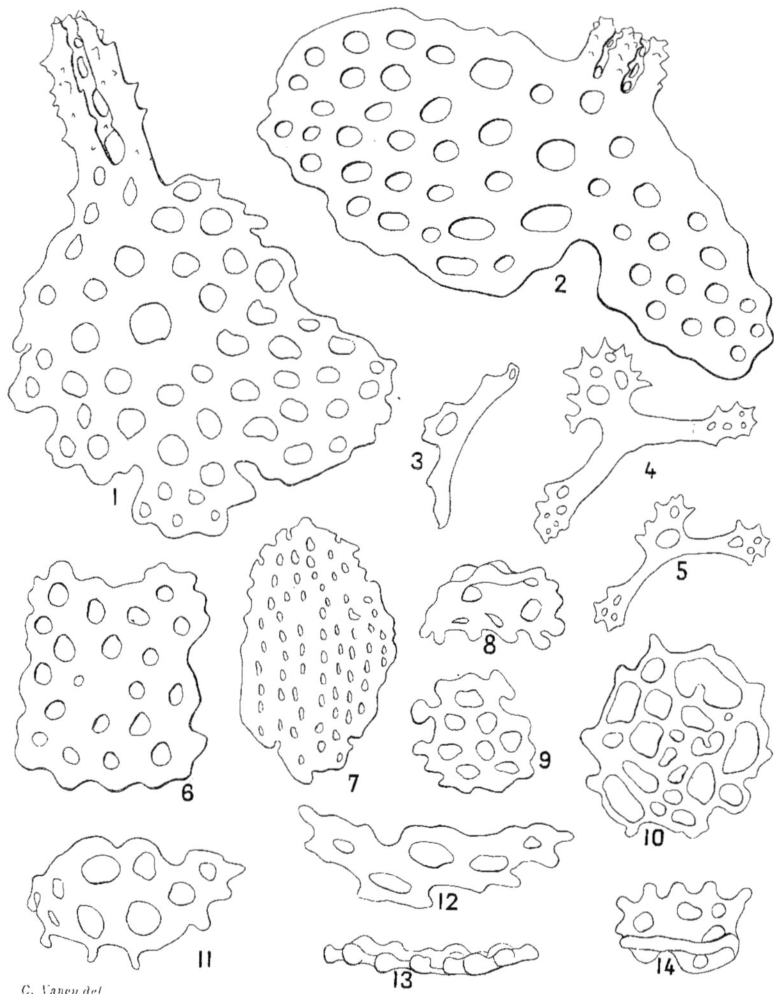

C. Vaney del.

HOLOTHURIES.

Masson et Cie, éditeurs.

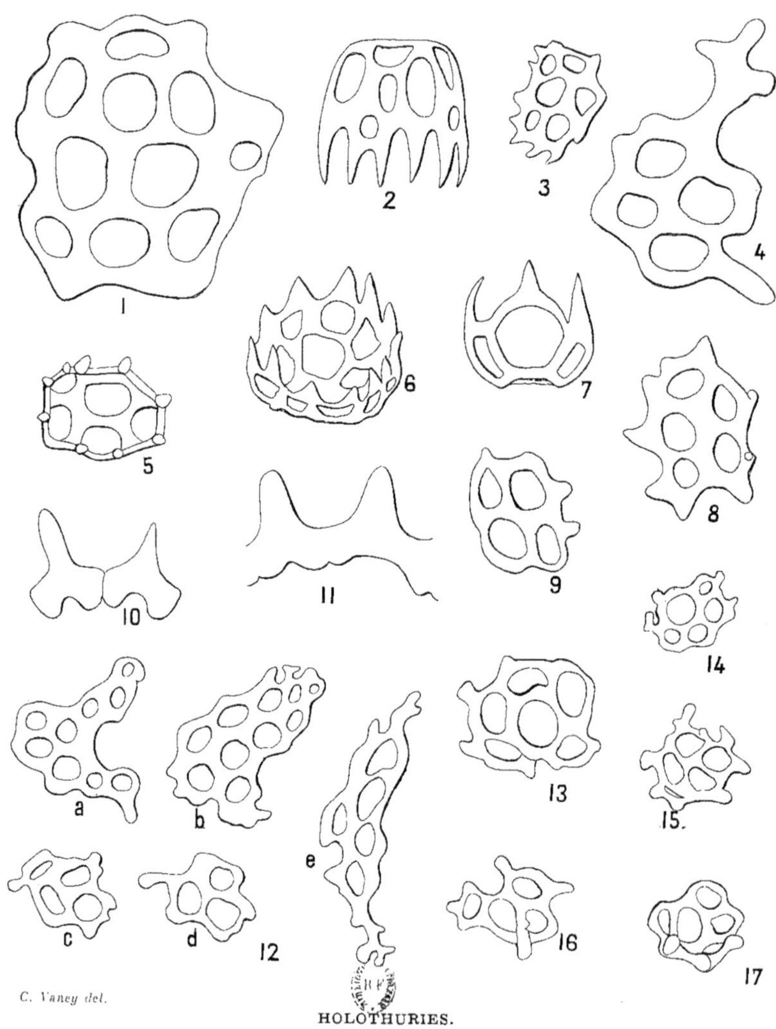

C. Vaney del.

HOLOTHURIES.

Masson et Cie, éditeurs.

CORBEIL. — IMPRIMERIE CRÉTÉ.

Fascicules publiés

CARTES .... Onze cartes en couleurs dressées par M. Bongrain et R.-E. Godfroy, pliées et réunies .... 34 fr.

RHIZOPODES D'EAU DOUCE, par E. Penard. — *1 fasc. de 16 pages* .... 2 fr.

FORAMINIFÈRES .... par E. Fauré-Fremiet, *16 pages (1 planche)*. — **ARTHROPODES** ***Acariens***, par E.-L. Trouessart, *16 pages*.
Ensemble, 1 fascicule .... 3 fr.

ÉCHINODERMES .... ***Astéries, Ophiures et Échinides***, par R. Koehler.
1 fasc. de 270 pages (16 planches doubles) .... 34 fr.

Holothuries, par Cl. Vaney.
1 fasc. de 54 pages (5 planches) .... 8 fr.

VERS .... ***Polyclades et Triclades maricoles***, par P. Hallez ; ***Ptérobranches***, par Ch. Gravier ; ***Chétognathes***, par L. Germain ; ***Rotifères***, par P. de Beauchamp.
1 fasc. de 116 pages (9 planches) .... 16 fr.

Annélides Polychètes, par Ch. Gravier.
1 fasc. de 165 pages (12 planches) .... 24 fr.

CRUSTACÉS .... ***Crustacés isopodes***, par H. Richardson ; ***Crustacés parasites***, par Ch. Gravier ; ***Amphipodes***, par Ed. Chevreux ; ***Mallophaga et Ixodidæ***, par L.-G. Neumann ; ***Collemboles***, par Ivanov. — *1 fasc. de 204 pages* .... 18 fr.

PYCNOGONIDES .... par E.-L. Bouvier ; ***Ostracodes marins***, par E. Daday de Deés ; ***Phyllopodes anostracés***, par E. Daday de Deés ; ***Infusoires nouveaux***, par E. Daday de Deés ; ***Copépodes parasites***, par A. Quidor ; ***Diptères***, par Keilin.
1 fasc. de 232 pages avec fig. (6 planches) .... 18 fr.

MOLLUSQUES .... ***Gastropodes prosobranches, Scaphopodes et Pélécypodes***, par Ed. Lamy ; ***Amphineures***, par Joh. Thiele.
1 fasc. de 84 pages (1 planche) .... 4 fr.

PROTOCORDÉS .... ***Tuniciers***, par le Dr C. Ph. Sluiter.
1 fasc. de 39 pages (4 planches) .... 7 fr.

POISSONS .... par L. Roule, avec la collaboration de MM. Angel et R. Despax.
1 fasc. de 32 pages (4 planches en noir et en couleurs) .... 8 fr.

CÉTACÉS .... ***Baleinoptères, Ziphiides, Delphinidés***, par le Dr J. Liouville.
1 fasc. de 276 pages (15 planches en noir et en couleurs) .... 30 fr.

BOTANIQUE .... ***Flore algologique antarctique et subantarctique***, par L. Gain. — *1 fasc. de 218 pages (8 planches)* .... 24 fr.

Révision des Mélobésiées antarctiques, par Mme Paul Lemoine. — *1 fasc. de 72 pages (2 planches)* .... 7 fr.

Mousses, par J. Cardot. — *1 fasc. de 32 pages (5 pl.)* .... 8 fr.

OBSERVATIONS MÉTÉOROLOGIQUES, par J. Rouch.
1 fasc. de 260 pages (16 planches) .... 34 fr.

ÉTUDE SUR LES MARÉES, par R.-E. Godfroy.
1 fasc. de 74 pages (11 planches) .... 16 fr.

OBSERVATIONS D'ÉLECTRICITÉ ATMOSPHÉRIQUE, par J. Rouch.
1 fasc. de 40 pages (7 planches) .... 9 fr.

OCÉANOGRAPHIE PHYSIQUE, par J. Rouch.
1 fasc. de 46 pages (2 planches) .... 8 fr.

EAUX MÉTÉORIQUES, SOL ET ATMOSPHÈRE, par A. Müntz et E. Lainé.
1 fasc. de 47 pages avec figures .... 6 fr.

Corbeil. — Imprimerie Crété.

www.ingramcontent.com/pod-product-compliance
Ingram Content Group UK Ltd.
Pitfield, Milton Keynes, MK11 3LW, UK
UKHW020340250726
13967UKWH00005B/2035

9 782011 927354